Martin Droschke

111 fränkische Biergärten, die man gesehen haben muss

111

emons:

Bibliografische Information der Deutschen Nationalbibliothek
Die Deutsche Nationalbibliothek verzeichnet diese Publikation in der Deutschen Nationalbibliografie; detaillierte bibliografische Daten sind im Internet über http://dnb.d-nb.de abrufbar.

MIX
Papier aus verantwortungsvollen Quellen
FSC® C083411
FSC
www.fsc.org

Layout: Eva Kraskes, nach einem Konzept
von Lübbeke | Naumann | Thoben
Kartografie: altancicek.design, www.altancicek.de
Kartenbasisinformationen aus Openstreetmap,
© OpenStreetMap-Mitwirkende, ODbL
Druck und Bindung: CPI – Clausen & Bosse, Leck
Printed in Germany 2020
ISBN 978-3-7408-0851-8
Originalausgabe

Vorwort

Wenn der letzte Schnee des Jahres Geschichte ist, die Sonne ihre depressive Phase endlich überwunden hat und aus den Knospen die ersten Blätter herauskitzelt, zieht es auch uns Menschen hinaus ins Freie. Bis heute sind sich die Münchner sicher, dass sie es waren, die das Ziel, das Millionen Menschen von jetzt an so oft wie möglich ansteuern, den Biergarten, erfunden haben. Und das anno 1812, als König Maximilian I. Joseph den Brauern der Isarmetropole das Recht zugestand, »auf ihren eigenen Märzenkellern in den Monaten Juni, Juli, August und September ihre Gäste dortselbst mit Bier zu bedienen«. Um die 150 Sommer hatten die Franken da schon auf dem Original verbummelt!

Obwohl sich in den Freiluftstuben ein ganzer Kosmos kulinarischer Eigenwilligkeiten und Bräuche gebildet hat, haben die hauptamtlichen Kulturschützer bis heute nicht verstanden, welch einzigartiger Schatz da in den 1960er bis 1980er Jahren beinahe von einem schwarzen Loch verschluckt worden wäre – von der dunklen Macht der Fortschrittshörigkeit, die alles Ineffiziente und Althergebrachte auf dem Müllplatz wissen wollte.

Die Oberpfälzer haben ihr Zoiglbier als Immaterielles Kulturerbe eintragen lassen. Wer auch nur einmal auf dem Bamberger Spezial-Keller, dem Felsenkeller Senftenberg oder auf dem Diller-Keller den Herrgott einen guten Mann hat sein lassen, wird sich – das ist jetzt keine rhetorische Floskel! – der Forderung anschließen, dass auch Frankens erholsamste Erfindung zu einem solchen erklärt gehört. Wie Sie anhand der Karten am Ende dieses Buchs unschwer erkennen, liegt das Hauptaugenmerk dieses Genussführers deshalb bewusst auf den verbliebenen oder reaktivierten echten Sommerkellern, die es so nur in Franken gibt und die sich im Raum Forchheim/Bamberg ballen. In diesem Sinn:

Gönnen auch Sie sich, was auf Frankens Kellern schon immer als Tugend galt: eine geradezu anarchistische Rückständigkeit.

111 fränkische Biergärten

Hütte
geöffnet
Promille Weg

1 Herrmann-Keller und Max-Keller

So wild wie damals wird's nie mehr

Wie zwei unzertrennliche Freunde, die nach zig Sprüngen vom Fünf-Meter-Brett eine Pause brauchen, aber nur ein Badetuch dabeihaben, liegen sie nebeneinander. Links der Kleine, der ganz schön frech sein kann. Der Max-Keller. Irgendwie muss er sich ja gegen den Großen behaupten, auf dessen weitläufigen Terrassen geschätzt zehnmal mehr Radwanderer ihr leeres Flüssigkeitsreservoir mit einem Seidla urig ursprünglichen Selbstgebrauten auffüllen können.

Die beiden Freiluftgasthäuser, die gefühlt schon immer 200 Meter hinter dem Dörfchen Ampferbach auf Durstige warten, sind klassische Vertreter einer Genusskultur, die es so nur in Franken gibt. Sie vereinen alle Attribute, durch die sich das historische Original von der Kopie, dem Biergarten Münchner Typs, abhebt. Beide wurden über einem in einen Hügel getriebenen Brauereikeller angelegt, in dem das Bier auch ohne Kühlaggregat den Sommer über kühl blieb. Bauen konnte man so etwas nur dort, wo, wie in Franken, der Untergrund aus weichem, aber stabilem Fels besteht. Als die Ingenieure um 1800 endlich auch Oberbayerns Kiesböden zu unterkellern vermochten, genoss der Franke bereits in der x-ten Generation sein Seidla unter freiem Himmel.

Speziell beim Max-Keller trennt sich in unseren Tagen die Spreu derer, die ihre Jugend in den 1980ern in Bamberg verlebt haben, vom Weizen der Nachgeborenen. Man darf davon ausgehen, dass ein Drittel der heutigen Gäste die Erinnerung an jene langen Nächte nach Ampferbach treibt, in denen sich etliche tausend Szene-Teens mit Shuttlebussen zum Max-Keller aufmachten. Die Partys und ihre Exzesse sind noch immer Stadtgespräch. Das naturtrübe Lager, das der größere Herrmann-Keller ausschenkt, gilt in der internationalen Bierfreak-Society als Ideal eines typisch fränkischen, charakterstarken Hellen. Diese Klientel schafft es allerdings nur selten bis hierher.

Adresse an der Straße von Ampferbach nach Burgebrach | **Saison/Öffnungszeiten** Herrmann-Keller Mitte April–Sept. täglich außer Di ab 14 Uhr; Max-Keller Mai–Sept. Di, Fr, Sa ab 17 Uhr, So ab 16 Uhr | **Biere** beide eigene Brauerei | **Essen** beide traditionelle Brotzeiten und warme Gerichte | **Ausstattung/Besonderheiten** beide mit Spielplatz | **Bei Schlechtwetter** beide Gasthaus im Ortszentrum | **Tipp** Wo der Steigerwald in Mainfranken übergeht, liegt Prichsenstadt. Tief im Wald versteckt sich dort der Biergarten des Jagdhauses Ilmbach, der fränkische Köstlichkeiten serviert.

2 Biergärten in der Wunderburg

Zwei starke Charaktere am Hahn

Sehen oder nicht gesehen werden wollen, das ist im Bamberger Stadtteil Wunderburg die Frage. Da wäre ein fast schon hipper, quirliger und immer voller Vorgarten – und als Zweites ein ruhiger Freiluftausschank, der sich genügsam in einem Hinterhof versteckt. Beide zählen zu den Klassikern der fränkischen Wirtshauskultur und sind wegen ihrer charakterstarken Biere weltberühmt. Man sitzt gewissermaßen in der Brauerei. Die Wunderburg liegt südöstlich der Altstadt; die Bamberger sollen das Gehöft staunend bewundert haben, das sich ihr Gründer, der bischöfliche Küchenmeister Friedrich von Rothenstein, dort um 1350 bauen ließ, daher der betörend schöne Name.

Mit Sicherheit gesehen wird man im Garten der Brauerei Mahrs, in dem jeder Zentimeter für Tische und Stühle genutzt wird, denn auch zu den Hauptessenszeiten soll ja niemand abgewiesen werden, der sich zum Schäufele die eigentliche Spezialität des Hauses schmecken lassen will, das Bier mit dem kryptischen Namen »a U«. Was dahintersteckt? Dass es dem maulfaulen Franken nicht zugemutet werden kann, der Kellnerin »ein Ungespundetes« zuzurufen. Zu viele Buchstaben! Das Versprechen, ein mit Absicht extrem kohlensäurearmes und daher für ungeübte Kehlen schales, abgestandenes Kellerbier serviert zu bekommen, wird allerdings seit ein paar Jahren ausgehebelt. Als Stephan Michel die Brauerei von seinem Vater übernahm, unterzog er die Rezeptur einem Hopfungs-Update. Seither ist Mahrs weltweiter Kult.

Schräg gegenüber, im lauschigen Innenhof der Brauerei Keesmann, kann man mit ein wenig Glück eine außergewöhnlich minimalistische musikalische Aufführung erleben. Das Klappern der Flaschen auf ihrem Weg durch die Abfüllanlage erinnert an Philip Glass und die Avantgardisten der 1960er. Hier geht es gediegener zu. Die flüssige Spezialität des Hauses heißt Herrenpils. Sie polarisiert, denn sie ist steintrocken und knackig bitter.

Adresse Mahrs Bräu, Wunderburg 10, 96050 Bamberg, Tel. 0951/915170, www.mahrs.de; Brauerei Keesmann, Wunderburg 5, 96050 Bamberg, Tel. 0951/98198 | Saison/Öffnungszeiten Mahrs Bräu: Gasthaus ganzjährig, Biergarten nach Witterung, Mo ab 16 Uhr, Di–So ab 10 Uhr; Brauerei Keesmann: Gasthaus ganzjährig, Biergarten nach Witterung, Mo–Fr ab 10 Uhr, Sa ab 9.30–15 Uhr | Biere beide eigene Brauerei | Essen beide traditionelle kalte und warme Küche | Tipp Der Biergarten des Landgasthofs Heerlein hat schon diverse Generationen an Gästen kommen und gehen sehen. Er liegt im Bamberger Außenstadtteil Wildensorg.

3 Brauerei Greifenklau

Jedes Seidla frisch gezwickelt

1739 machte sich ein Johann Caspar Kauer des Vergehens schuldig, dass er den Zugang zu seinem »Felsen offen gehalten und Bier ausgeschenkt« hatte. Sein Bußgeld ist der älteste Beleg, dass sich die Bamberger ihre Krüge direkt aus einem der unterirdischen Brauereilager heraus füllen ließen.

Kennt man dieses und die weiteren rechtlichen Details, erscheint es äußerst klug, dass sich Franz Friedrich von Greifenklau für den damals nur spärlich bebauten Kaulberg entschied, als er 1719 eine Brauerei gründete – die bis heute nach ihm benannt ist. Der unauffälligste der sieben Bamberger Hügel lag und liegt gelinde gesagt weitab vom Schuss. Aber die B-Lage bot Platz, das Brauhaus, die Braugaststätte und den für die Lagerung des Biers unverzichtbaren Felsenkeller räumlich zusammenzulegen. Weshalb beim Greifenklau die Bürger vom ersten Tag an ganz legal auf dem Keller sitzen konnten. Jeder Brauerei war damals nur erlaubt, ihr Bier an lediglich einem Ort zu veräußern. Einem – nicht mehreren!

Heute sprechen drei triftige Gründe dafür, den Tag auf der hinter dem Gasthaus versteckten, von uralten Linden beschatteten Freiluftplattform ausklingen zu lassen: 1) Die grandiose Aussicht auf die Altenburg, Bambergs mittelalterliche Festung. 2) Der Mut der Küche, immer wieder auch vom Aussterben bedrohte fränkische Magenschmeichler wie Saures Herz auf die Tageskarte zu setzen. Und natürlich 3) Das selbst gebraute Kellerbier, das sich hier den zweiten Namen Zwickel ehrlich verdient hat, unter dem man diese Sorte mittlerweile sogar in Supermärkten – in der Flasche! – findet. Er kommt von »zwickeln«, vom Anschließen eines Zwickelhahns an den Lagertank zwecks Zapfens einer Probe, die dem Brauer sagt: Ist reif und kann getrunken werden! Fällt dieser Satz, wird der Hahn beim Greifenklau durch einen Schlauch ersetzt, durch den der Trunk direkt zur Schankanlage rinnt. Noch frischer geht es nicht!

Adresse Laurenziplatz 20, 96049 Bamberg, Tel. 0951/53219, www.greifenklau.de | **Saison/Öffnungszeiten** Gasthaus ganzjährig, Biergarten nach Witterung, täglich außer Mo und So ab 10.30 Uhr | **Biere** eigene Brauerei | **Essen** exquisite traditionelle fränkische Küche | **Ausstattung/Besonderheiten** windgeschützt, da auf drei Seiten umbaut | **Bei Schlechtwetter** überdachter Freisitz, Gaststube | **Tipp** Ebenfalls etwas ab vom Schuss liegt der Bamberger Fässla Keller, den sich die Brauerei Fässla auf den Lagerkammern der 2008 abgewickelten Brauerei Maisel eingerichtet hat.

4__Spezial-Keller (= Spezi-Keller)

Womöglich der schönste der Welt

Am südlichen Ende der Bamberger Altstadt thront auf einem der sieben Berge, auf denen sie erbaut ist, ein Pilgerort, der auf Fans des echten unverfälschten Franken eine vergleichbar große Anziehungskraft ausübt wie Venedig auf Frischvermählte und der Vatikan auf Jungs, die später mal Papst werden wollen. Es heißt, dass japanische Touristen liebend gern den Eiffelturm von ihrer Must-have-seen-Liste streichen, damit genügend Zeit bleibt, sich auch noch ein zweites Seidla zapfen zu lassen.

Benannt ist er nach jener Brauerei, die ihn 1830 übernahm, um in seinen auch im Sommer wohltemperierten Stollen Eis und Bier einzulagern. Ausgehöhlt wurde der Stephansberg schon im 11. Jahrhundert, damals diente er als unterirdischer Steinbruch. Wer später einen natürlichen Kühlschrank brauchte, musste nicht bei null anfangen. Dass mit jedem neuen Hohlraum die Tragfähigkeit des großen Ganzen abnahm, erklärt, weshalb der sensationelle Ausblick auf den Dom und die Dächer eines Weltkulturerbes nie verbaut wurde.

Das letzte Wegstück ins Paradies wird immer über eine Wiese führen. Dann sucht man sich ein Plätzchen. Man schaut nur kurz auf. Und schon packt er einen. Dieser Ausblick. Er wirkt ähnlich berauschend wie das eigenartige Bier, das einem hier an den Tisch gebracht wird. Aus gutem Grund. Denn dem Gast ist es einfach nicht möglich, den Blick von der Silhouette der Stadt zu lösen – und ebenso wenig, den Körper in Bewegung zu setzen, um sich selbst ein Seidla zu holen. Standardtrunk ist ein helles Rauchbier, eine Sorte, die außerhalb Frankens seit 200 Jahren ausgestorben ist. Nachbestellt wird stumm. Der Franke hat es halt nicht so mit Worten. Einfach den leeren Krug umlegen. Gern aber schweigt er sich hier oben in eine schwere Wehmut hinein, die der Dichter Gerhard C. Krischker wie folgt beschreibt: »A ächtä Bambärcher geht halt auf sein Källa, bis er schbeid!«

Adresse Sternwartstraße 8, 96049 Bamberg, Tel. 0951/54887, www.spezialkeller.de | **Saison/Öffnungszeiten** Gaststube ganzjährig, Biergarten circa April–Mitte Sept. Di–Fr ab 15 Uhr, Sa ab 15 Uhr, So und Feiertage ab 10.30 Uhr | **Biere** Brauerei Spezial | **Essen** traditionelle warme und kalte Küche | **Ausstattung/Besonderheiten** Spielplatz | **Bei Schlechtwetter** Gastraum | **Tipp** Auf dem ältesten Bierkeller Bambergs, dem Einhornskeller, wurde das erste Fass schon 1498 angestochen.

5 Wilde Rose Keller

Augenweide mit Davidsternen

Unter Touristen gilt er nur als zweite Wahl, da man sich auch zu ihm den steilen Stephansberg hinaufquälen muss, im Gegensatz zum benachbarten Spezial-Keller aber keinen freien Blick auf Bambergs Häusermeer und den Dom gratis zum Bier dazubekommt. Umso beliebter ist der größte Keller der Stadt bei den Einheimischen. Sie betrachten ihn als ihr verlängertes Wohnzimmer und machen rege von dem Recht Gebrauch, dass man sich hier sein Essen noch von zu Hause mitbringen darf. Anderenfalls fühlen sie sich sogar geschmeichelt, wenn ihnen ihre Kellerplatte mal wieder betont ruppig in die Hand gedrückt wird. Was die meisten der von weit her angereisten Kurzurlauber nicht wissen: Schlecht gelauntes Personal ist in Franken ein Zeichen höchster Gastlichkeit – und auch an dieser Tradition will man auf dem Wilde Rose Keller gern festhalten.

Die Wurzeln dieses fußballfeldgroßen, akribisch eingeebneten Genussareals reichen bis ins Jahr 1794 zurück, in dem sich die unten in der Inselstadt gelegene Brauerei Zur Rose das Grundstück als Sommerlager für Bier und Eis dazukauft. Es ist schon damals unterkellert. Um 1850, die Familie Leicht hat die Wilde Rose übernommen, wird erstmals aus den deutlich erweiterten Stollen heraus Bier verkauft. Die Tradition, sich sein Essen selbst mitzubringen, geht auf diese Zeit zurück, Speisen dürfen Kellerwirte erst seit 1868 anbieten. Damit die Durstigen den beschwerlichen Weg auf sich nahmen, richteten die Leichts zu ihrem Amüsement ein Wildgatter ein und knipsten schon 1885 abends elektrische Lampen an. Die Augenweide, der filigrane hölzerne Musikpavillon, in dem ein ganzes Symphonieorchester Platz finden könnte, wird heute wieder regelmäßig als Bühne genutzt. Er stammt aus dem Jahr 1873. Was hat es zu bedeuten, dass er mit Davidsternen nur so gespickt ist? Nichts Aufwühlendes. Das Zeichen der Juden war halt schon immer auch das Symbol der Brauer.

Adresse Oberer Stephansberg 49, 96049 Bamberg, Tel. 0951/57691, www.wilde-rose-keller.de | Saison/Öffnungszeiten Mai–Sept., bei gutem Wetter Mo–Fr ab 16 Uhr, Sa, So und Feiertage ab 15 Uhr | Biere exklusives lohngebrautes Wilde Rose Bier, Keesmann, Schlenkerla | Essen traditionelle Brotzeiten, wechselnde warme Tagesgerichte | Ausstattung/Besonderheiten riesiger Spielplatz, Livekonzerte (Termine auf der Webseite) | Bei Schlechtwetter geschlossen | Tipp Im Biergarten des Bamberger Restaurants Bootshaus sitzt man direkt am Ufer eines der beiden Arme der Regnitz – in einem Innenhof und dadurch recht windgeschützt.

6 Herzogkeller

Erbe preußischer Tugenden

Ist der erste Eindruck, der Ortsfremden bereits auf dem Parkplatz von Bayreuths einzigem echten, über einem Labyrinth unterirdischer Stollen eingerichteten Bierkeller ein »Wow« über die Lippen treibt, zu schön, um wahr zu sein? Der weiße hölzerne Giebel, der einige Höhenmeter weiter oben durch die Baumkronen spitzt, lässt keinen Zweifel: Sein Ausschankhaus stammt noch aus jenen Zeiten, in denen das Volk seinen Stolz, dem Adel das Recht auf Freiheit und politische Mitbestimmung abgetrotzt zu haben, gerade dort zur Schau gestellt wissen wollte, wo es sich sonntags vergnügte. Baujahr: 1888.

Ist man oben auf dem Scheitel des schlicht Herzog genannten Höhnenzugs angelangt, über den einst die Fernstraße nach Kulmbach verlief, ein zweites »Wow«. Denn das in einen Hain uralter Kastanien und Linden eingebettete Häuschen entpuppt sich als ein lang gezogener Pavillon, von dessen schlauchartigen Sälen aus die Durstigen schon Ende des 19. Jahrhunderts auch dann den Blick in die Ferne schweifen lassen konnten, wenn der Sommer verregnet war. Das eigentlich für Südbayern typische blau-weiße Dekor ehrt den berühmtesten Gast: Ludwig III., den letzten Nachfolger des bayerischen Märchenkönigs.

Die Bayreuther konnten sich nie so recht für die fränkische Tugend begeistern, die warme Hälfte des Jahres direkt an der Quelle ihres Lebenselixiers, des Biers, zu verbummeln. Vielleicht weil die Preußen, die ihrem letzten Markgraf 1791 weite Teile Nordbayerns abgekauft hatten, ihren neuen Landeskindern von ihrer Stadt aus Ordnung und Disziplin beibrachten. In den 1920ern brachen die Gästezahlen vollends ein. Die Bayreuther Aktien Bierbrauerei sah sich gezwungen, das Prachtexemplar zu schließen. Weil es sich als äußerst praktisch erwies, im Pavillon dies und das mal kurz abzustellen, blieb das Kleinod als einziges seiner Art erhalten. Erst seit 1989 wird dort wieder Bier gezapft und Schäufele serviert.

Adresse Kulmbacher Straße 62, 95445 Bayreuth, Tel. 0921/43419, www.herzogkeller.de; Besichtigung der Felsenkeller täglich um 16 Uhr, Eingang im Hof der benachbarten Bayreuther Aktien Bierbrauerei | **Saison/Öffnungszeiten** April–Sept. sowie zu Veranstaltungen, täglich ab 16 Uhr | **Biere** Bayreuther Aktien Bierbrauerei, Maisel | **Essen** traditionelle kalte und warme Küche | **Bei Schlechtwetter** Pavillon | **Tipp** Vom Hinterausgang an der Kulmbacher Straße aus gesehen liegt wenige Meter weiter stadteinwärts Frankens Hotspot für moderne Craft Biere: Liebesbier, der Biergarten von Maisel & Friends.

7 Lamperie

Für die Generation Smartphone upgedatet

»Aber bin ich erst in Bayreuth … Himmel wie werd ich trinken!« Als der größte Schluckspecht, der je in Frankens Wirtshäusern gesichtet wurde, diese Worte schrieb, lagen Wochen des Grams hinter ihm. Mit der Aussicht auf finanzielle Förderung war Jean Paul, der meistgelesene Dichter seiner Zeit, 1803 in die herzogliche Residenzstadt Coburg gezogen. Aber statt ihn zu protegieren, erlegte man ihm dort ein Bußgeld auf. An einer Hauswand und damit vor aller Augen hatte sich der von Goethe in höchsten Tönen gelobte Schriftsteller die Hose aufgeknöpft, denn wer den Gerstensaft schnell und in großen Mengen in sich hineinkippt, der muss ihn mit derselben Dringlichkeit aus sich herausleiten.

Auch in seiner ersten Wohnung in seinem geliebten Bayreuth wollte Jean Paul nicht lange bleiben. Er vertrug sich nicht mit seinem Vermieter. Es könnte freilich auch daran gelegen haben, dass es das schönste Freiluftwohnzimmer der Innenstadt zu seinen Lebzeiten noch nicht gegeben hat.

Jean Paul wohnte in der Friedrichstraße Nummer 10. Schräg gegenüber, im Haus Nummer 13, braute die Familie Vogel einen Trunk, wie er besser nicht hätte sein können. Aber erst ab 1880, 55 Jahre nach seinem Tod. Der Sudkessel wurde bereits 1956 wieder stillgelegt, der lauschige »Vogelsgarten«, den ein barockes Sandsteinpalais vor den Augen der Tugendwächter abschirmte, aber blieb. Lamperie heißt er erst, seit sich der damals 26-jährige Oliver Hauffe 2010 des ein Vierteljahrhundert lang vernachlässigten und am Ende verwaisten Schmuckstücks annahm. Jean Paul hätte das sichere Gespür sicher gefallen, mit dem Hauffe den Traditionsgarten für die Generation Smartphone upgedatet hat. Während sich die Jungen einen Null-Promille-Cocktail reinziehen, würde er freilich seinem Lieblingstrunk treu bleiben: Ein Dunkles bitte! In der Lamperie ist der Sommer sogar an den Hundstagen angenehm. Dank alter Linden und Ahornbäume.

Adresse Friedrichstraße 13, 95444 Bayreuth, Tel. 0921/50709426, www.lamperie.de | **Saison/Öffnungszeiten** Gasthaus ganzjährig, Biergarten April–Okt. Mo–Sa ab 16 Uhr | **Biere** Bayreuther Aktien Bierbrauerei, Maisel | **Essen** traditionelle und trendige warme und kalte Küche | **Ausstattung/Besonderheiten** kleiner Spielplatz | **Bei Schlechtwetter** Gaststube | **Tipp** Die 1852 und damit ebenfalls erst nach dem Tod Jean Pauls gegründete Bayreuther Glenk Bräu lebt im ehemaligen Brauereibiergarten, dem Glenk Garten, weiter.

8 Waldschänke Bayrische Schanz

Der Nervenkitzel, unter die Räuber zu fallen

Als es für Gott an der Zeit war, den Main in die Bodenplatte Frankens einzuritzen, dürften ihm Riesling, Silvaner und Müller-Thurgau nicht nur vor Augen gestanden haben. Er muss bereits etliche Gewächse intus gehabt haben. Anders lässt sich nicht erklären, dass er ständig abrutschte. Und es wurde Abend, und es wurde Morgen. Und Gott sah: Er hatte den Fluss als Zickzack ausgeführt, weshalb sich die Menschen, die bald an seinen Ufern siedelten, für ihre Reisen von A nach B Abkürzungen suchten.

An einem dieser Handelswege, die seit Menschengedenken begangen werden, eröffnete 1713 ein Jacob Wentzel ein Wirtshaus. An einem Standort, wie er ungünstiger nicht hätte sein können. Die Waldschänke Bayrische Schanz lag mehrere Tagesetappen von der Zivilisation entfernt. Tief drin in der Unendlichkeit des Spessart. Dass man dort noch heute seinen Hunger stillen kann, ist der Familie Münch zu verdanken, Hoteliers aus dem nahen Städtchen Rieneck. Wider jede ökonomische Vernunft kaufte sie sich 1972 das von Jahren des Leerstands gezeichnete, damals winzige Wirtshaus, das noch nicht einmal ans Stromnetz angeschlossen war.

Nur echte Sportskanonen sollten es riskieren, die Einöde von Gemünden am Main aus mit dem Rad erreichen zu wollen. Der Nervenkitzel, während der 19 Kilometer langen Anfahrt, die anfangs durch das enge, fast menschenleere Sindersbachtal auf 513 Meter über NN hinaufführt, unter die Spessarträuber zu fallen, zieht an Sommersonntagen Motorradfahrer magisch an. Zu Stoßzeiten warten mehrere hundert Harleys und Co. geduldig, bis sich ihre Herrschaft mit einem Schäufele, einer deftigen Brotzeit oder selbst gebackenem Kuchen ordentlich gestärkt hat. Wer Einsamkeit und Ruhe sucht, sei hiermit gewarnt: Man sitzt vor einem Laufsteg, auf dem sie unentwegt ihre Feuerstühle vorführen.

Adresse 97816 Lohr-Ruppertshütten (an der Straße von Ruppertshütten nach Lohrhaupten/Fellen), Tel. 09355/618, www.bayrische-schanz.de | **Saison/Öffnungszeiten** ganzjährig, Biergarten entsprechend Wetter, Mai–Ende Okt. Do, Fr ab 11 Uhr, Sa, So und Feiertage ab 10 Uhr; Ende Okt.–Ende April Sa, So ab 11 Uhr | **Biere** Keiler, Schlappesepl | **Essen** kalte und warme Küche, Kaffee und Kuchen | **Ausstattung/Besonderheiten** Fußballwiese, Kindertretfahrzeuge, artgerechter »Parkplatz« für Pferde | **Bei Schlechtwetter** Gasträume | **Tipp** Historiker nennen den seit der Bronzezeit begangenen Handelsweg durch den Spessart die Birkenhainer Straße. Etwa 15 Kilometer nördlich von Aschaffenburg wartet in der Einöde Frohnbügel ein weiteres an dieser Route gelegenes Wirtshaus auf Durstige.

9 Schuhmannskeller

Wo meine Sonne scheint

Dieser echte Bierkeller liegt heute mitten in einem Wohngebiet. Dass das einst recht beschauliche Maindorf Bischberg weit über ihn hinauswuchern konnte, dürfte es auch seinem zeitlos rustikalen Charme zu verdanken haben. Wie jeder Immobilienmakler weiß, verkauft nichts besser als die Lebensqualität, die das Umfeld einer Wohnung bietet. Und was kann es Schöneres geben, als dass Vati an einem lauen Sommerabend zu Mutti sagen kann: »Heute bleibt die Küche kalt, wir gehen …«

Bitte setzen Sie den letzten Satz nicht mit einem »in« fort und sagen Sie auf keinen Fall »in einen Biergarten«!

Der Franke sitzt »auf« einem »Bierkeller«. Noch besser: »Keller«. Generationen von Wirten haben ihre Tische und Bänke schließlich nicht zufällig genau dort aufgestellt, wo sich im Untergrund ein Lagerstollen entlangzieht.

Aufgrund seines geradezu klassischen, von alten Linden und ein paar Kastanien geprägten Erscheinungsbilds und seiner Gliederung in Terrassen, die man einem steilen Hang abtrotzen musste, wirkt der Schuhmannskeller älter, als er ist. Das erste Fass wurde am 15. Mai 1873 angestochen. Von Fritz Schuhmann. Seine Familie hatte 1856 das Gasthaus zur Sonne übernommen, das noch immer von ihr betrieben wird. Damit wäre der Name der Berühmtheit geklärt. Aber auch, weshalb Bischbergs letzte Brauerei nicht ebenfalls Schuhmanns, sondern Zur Sonne heißt. Es tut der Atmosphäre einfach gut, dass Bischbergs Bevölkerung genauso sprunghaft angewachsen ist wie die Zahl der Gäste, die für deren Stöffchen mehrere hundert Kilometer zu fahren bereit sind. Da der ganze Ort dort seinen wohlverdienten Feierabend verbringt, den Kindern Auslauf und sich selbst ein zweites, drittes, viertes Seidla gönnt, bleibt das Verhältnis stets im Gleichgewicht. Klassische Keller sind nun einmal als temporäre Wohnzimmer und nicht als Ausflugs- und schon gar nicht als Erlebnislokale konzipiert.

Adresse Rothofweg 7, 96120 Bischberg, Tel. 0160/97807737, www.schuhmannskeller.de | **Saison/Öffnungszeiten** circa Mitte April–Mitte Sept. täglich ab 16 Uhr | **Biere** eigene Brauerei | **Essen** traditionelle Brotzeiten, Salate, kleine warme Gerichte (auch vegetarisch), fränkisches Surf & Turf (Fleisch und Fisch kombiniert) | **Ausstattung/Besonderheiten** großer Spielplatz | **Bei Schlechtwetter** geschlossen | **Tipp** Fährt man von Bischberg aus den Main flussabwärts entlang, ist man in wenigen Minuten in Viereth. Der Biergarten des dortigen Brauereigasthofs Mainlust hätte eigentlich eine ganze Buchseite verdient.

10 Schwanenkeller (= Schwanakeller)

Wo das Wetter noch entscheidend ist

Als in den 1950ern endlich auch die letzten fränkischen Dörfer ans Stromnetz angeschlossen wurden, verloren die Bierkeller ihre eigentliche, für die Brauer bis dahin existenzielle Funktion. Jetzt wird's bequem, jubelten auch ihre Gäste. Denn auch sie konnten sich ab dem Moment, in dem der Bräu den Stecker seiner Kühlanlage in die Dose drückte, weite Wege sparen. Schließlich waren die Vorräte, der Flaschenverkauf und die Zapfhähne jetzt an einem Ort zentralisiert. Dem Braugasthaus. Ganzjährig. Nie mehr durch die Sommerhitze zum bisweilen weit außerhalb des Orts in den Untergrund geschlagenen Keller stapfen müssen!

Auch wenn der Lauf der Zeit in Burgebrach, einem stattlichen Marktflecken im Steigerwald, in denselben Bahnen wie überall verlief, hat sich dort eine Tradition gehalten, die mit dem Ja zur Kühltechnik großflächig verloren ging. Beim Schwanen Bräu entscheidet noch ein Blick aufs Wetter, wo es heute das gute, selbst gebraute Bier geben wird. Entweder Familie Lechner sperrt ihr Gasthaus auf. Oder sie hängt dort ein Schild mit einer kryptischen Wegbeschreibung auf: durchs Rathaus durch und dann über die Bundesstraße. Ersteres wölbt sich wie ein Stadttor über eine Durchfahrt, Zweiter soll man nicht folgen, sondern sie queren. Dann sieht man sie wehen: die Fahne, die anzeigt, dass ihr wunderschöner, heimeliger Bierkeller geöffnet hat.

Bereits 1848 in einem Grundsteuerbuch erwähnt, ist er die einzige von mehreren direkt nebeneinander angelegten Stollenanlagen, die noch bewirtschaftet wird. Die letzten Meter in diese Arche traditioneller Sommerfreuden sind etwas mühsam, denn sie liegt oberhalb des ursprünglichen Zugangs- und Ausschankhauses. Lohn des Aufstiegs: ein Schatten, wie ihn nur alte Linden werfen können, eine lückenlose Auswahl rustikaler, bodenständiger Köstlichkeiten – Tipp: der selbst gemachte Grupfte – und eine Aussicht, die den Augen schmeichelt.

16

Adresse Kellerberg 5, 96138 Burgebrach, Tel. 09546/306, www.schwanawirt.de | **Saison/Öffnungszeiten** Mai–Sept. Mo–Sa ab 15 Uhr, So, Feiertage ab 11 Uhr | **Biere** eigene Brauerei | **Essen** traditionelle Brotzeiten, einfache warme Gerichte | **Ausstattung/Besonderheiten** weitläufiger Spielplatz | **Bei Schlechtwetter** Gasthaus im Zentrum von Burgebrach | **Tipp** In Theinheim – gute zehn Kilometer östlich von Burgebrach – verzückt der Brauereigasthof Zum Grünen Baum anspruchsvolle Biergourmets. Nur dort werden die verwegenen Spezialitäten des Hauses ausgeschenkt – darunter ein Hybride, bei dem die Bierwürze zusammen mit Weintrauben vergoren wird.

11 Löwenbräu Keller

Bis zum Jahr 1900 fremdbekocht

1880 gibt die Familie Modschiedler gewöhnlich als Geburtsjahr ihrer Löwenbräu an, doch das Braugasthaus und auch der idealtypische, leicht außerhalb des Markts Buttenheim gelegene, über einem in vier Ausgängen mündenden Vorratsstollen eingerichtete Sommerkeller sind beide deutlich älter. Da die örtliche Großgrundbesitzerin, eine Erbin aus dem Adelsgeschlecht der von Stiebar, den durchlöcherten Hügel in ihren neuen Schlosspark einbezog, den sie sich 1774 anlegen ließ, muss das Bierlager damals bereits existiert haben.

Uralte Linden, die Schatten spenden. Einfache, fest im Boden verankerte Tische und Bänke. Das Bier: selbst gebraut und direkt aus dem Fass gezapft. Ein verschachteltes Wirrwarr an Terrassen, die sich einen steilen, krummen Hügel hinaufziehen. Tage, ja Wochen will man dort sitzen, mit nicht mehr beschäftigt, als die Aussicht übers Bauernland in sich aufzusaugen. Weil sich die Familie Modschiedler 1971 entschloss, am Fuß des Kellerbergs ein neues Gasthaus hochzuziehen, ist sogar ganzjährig geöffnet. Einziger Wermutstropfen: Dass man sein Essen nach guter alter Tradition selbst mitbringt, ist auf dem Löwenbräu Keller nicht erwünscht.

Rückblende. Ein heißer Juli. Vor 150 Jahren. Sobald das letzte Amen der Sonntagsmesse verklungen war, die Ministranten sich in die dreckigen Bauernburschen zurückverwandelt hatten, die sie nun einmal waren, wurde es in Buttenheim so still, man hätte eine Stecknadel fallen hören können. Nur ab und an Geräusche. Sie stammten von einem Lausbub, der ins Gasthaus zum Goldenen Löwen rannte. Man hatte ihn geschickt, weil die feinen Pinkel aus der Stadt, die draußen auf dem Keller saßen, Hunger hatten. Was Gutes solle er zu ihnen hochtragen, das die einzige unten im Dorf verbliebene Frau für sie brutzelte. Im Gegensatz zu den Einheimischen brachten sie sich ihr Essen nicht selbst mit. Erst seit 1900 werden die gewünschten Brotzeitplatten, Bratwürste und Schäufele vor Ort zubereitet.

Adresse Eremitage 3, 96155 Buttenheim, Tel. 09545/509346, www.loewenbraeu-keller-buttenheim.de | **Saison/Öffnungszeiten** Gasthaus ganzjährig, Biergarten nach Witterung, Mo, Mi–Sa ab 11 Uhr, So ab 10 Uhr, Sept.–April Mi zusätzlicher Ruhetag | **Biere** eigene Brauerei | **Essen** traditionelle, auch ausgefallene warme und kalte Gerichte, Kaffee und Kuchen | **Ausstattung/Besonderheiten** zwei Spielplätze (für Jüngere und Ältere) | **Bei Schlechtwetter** Gaststube | **Tipp** Wer mit dem Zug nach Buttenheim anreist, läuft Gefahr, gleich am Bahnhof hängen zu bleiben – im schnuckeligen Biergarten des Backstahäuslas.

12 St. GeorgenBräu Keller

Sein mythischer Ruf kam mit der Eisenbahn

Als wollten sie seine Bewohner bestrafen, waren die Züge auf den Tag genau ein halbes Jahrhundert lang am beschaulichen, bettelarmen Marktflecken Buttenheim vorbeigerollt. Bis am 1. Oktober 1894 ein neu in die Bahnstrecke Nürnberg–Bamberg eingefügter Haltepunkt feierlich in Betrieb genommen wurde und erstmals ein Bahnwärter auch in der Geburtsstadt eines gewissen Löb Strauß das Signal auf »Halten« umstellte. Löb war, wie vielen anderen, zwischenzeitlich keine Wahl geblieben, als in die USA auszuwandern. Als Levi Strauss sollte ihm dort eine Erfindung gelingen, die ihn unsterblich machte: die Jeanshose.

Es ist nicht übertrieben, von einer zweiten Geburt zu reden, die dieser Tag für die beiden Buttenheimer Brauereien bedeutete, die kleine Löwenbräu und ihren großen Bruder, die St. GeorgenBräu, deren naturtrübes Lager bald europaweit exportiert wurde und das von vielen auch heute als das fränkische Bier schlechthin betrachtet wird. Dem guten Ruf dieses Trunks hat der zweite der Buttenheimer Felsenkeller einen geradezu mythischen Nimbus und eine magische Anziehungskraft zu verdanken. Die einem Berghang abgetrotzten, schier endlos langen Terrassen des St. GeorgenBräu Kellers verstehen es, bereits zu begeistern, bevor man zu ihnen hochgestiegen ist.

Die Atmosphäre eines ordentlich in ein Kataster sich aufeinander beziehender rechter Winkel zurechtgerückten keltischen Druidenhains. Der abwechslungsreiche Ausblick, der den Augen die Wahl lässt, ob sie sich auf das greifbar nahe Buttenheim oder die zarte Silhouette des 20 Kilometer entfernten Bamberg fokussieren wollen. Freitag der Duft frisch gegrillten Fischs. Ein Erholungsrausch. Ein Traum! Der freilich nur unter der Woche halten kann, was er verspricht. Denn speziell am Samstagabend scheint sich ganz Nürnberg, Erlangen und Fürth auf ein Seidla des nach dem Schutzpatron der Brauer benannten Kellerbiers zu verabreden.

Adresse Kellerstraße, 96155 Buttenheim, Tel. 0151/18020990, www.georgenbraeu.de | **Saison/Öffnungszeiten** April–Ende Sept. Mo–Sa ab 14 Uhr, So und Feiertage ab 11 Uhr | **Biere** eigene Brauerei | **Essen** traditionelle kalte und warme Küche, freitags gegrillter Fisch | **Ausstattung/Besonderheiten** separat platzierter Spielplatz | **Bei Schlechtwetter** kleine Gaststube | **Tipp** Atemberaubend ist auch die Aussicht, die sich vom Schwarzer Keller der Brauerei Pfister im nahen Weigelshofen bietet.

13 Diller Keller

Das erste Bockbier der Saison

Wer kam eigentlich auf die Idee, dass bei der Unterteilung des Kreislaufs der Natur in Jahreszeiten die Zahl Vier herauskommt? Mögen sich andere Regionen freuen, dass man die 365 Kalendertage an nur einer Hand abzählen kann. Die Franken machen da nicht mit! Zumindest jener Teil von ihnen, der im Umland von Bamberg zu Hause ist, dem Landstrich mit der höchsten Brauereidichte der Welt.

Dörfleins. Knapp 1.400 Einwohner, 1972 nach Hallstadt eingemeindet. Etwas außerhalb des Orts: der Diller Keller. Mit einem Ritual, das Ethnologen an den Zug der Druiden zur Sonnwendfeier von Stonehenge erinnert, liefert das kleine, in einem schmalen Talgrund versteckte Freiluftgasthaus den Beleg, dass man auch mit nur halb so vielen Jahreszeiten gut durchs Leben kommen kann. Es findet immer am letzten Freitag im September statt. An diesem Tag beginnt zugleich das letzte Wochenende, an dem man sich sein Seidla auf eine der in einen steilen Hang eingepassten Terrassen hinauftragen kann – und der Zeitabschnitt Nummer zwei. Denn an diesem Tag wird auf dem Diller Keller der erste Bockbieranstich der Region zelebriert. Die Starkbiersaison wird sich ziehen, bis nach dem Kathrein-, Advents-, Weihnachts- und Fastenbock schließlich im April der helle Maibock an der Reihe ist. Er heißt so, weil er spätestens am ersten Mai ausgetrunken sein muss. Sonst kann jene Fahne nicht gehisst werden, die anzeigt, dass Zeitabschnitt Nummer eins begonnen hat – und der Diller Keller wieder geöffnet ist.

Touristen, die mit den fränkischen Eigenheiten nicht vertraut sind, bemängeln immer wieder, dass es ihnen auf dem Diller Keller zu ruhig ist. Genau das aber macht den Charme dieses Kleinods am Waldrand aus. Hinter ihm steigt ein Berg auf, von dessen Gipfelkreuz sich eine phantastische Aussicht bietet. Wer gut zu Fuß ist, wandert weiter Richtung Kemmern, der acht Kilometer lange Rundweg führt über drei weitere Bierkeller.

Adresse Am Kreuzberg, 96103 Hallstadt-Dörfleins, Tel. 0175/5280071 | **Saison/Öffnungszeiten** Mai–Sept. Mo–Fr ab 16 Uhr, Sa, So ab 14 Uhr | **Biere** Hönig | **Essen** traditionelle Brotzeiten, warmes Tagesgericht, Kaffee und Kuchen, jeden Freitag Fisch unter anderem vom Grill | **Ausstattung/Besonderheiten** direkt daneben Spielplatz und Fußballwiese | **Bei Schlechtwetter** kleiner Gastraum | **Tipp** Nur wenige Meter weiter dorfauswärts verspricht die Waldschänke Rabenhorst einen herrlichen Ausblick auf Hallstadt, sie ist leider nur am Mittwoch und Sonntag geöffnet.

14 Brauerei Göller

Wo Regen die Stimmung nicht verwässert

Über Geschmack lässt sich streiten. Zum Beispiel in Drosendorf. Wochenende für Wochenende kann man an dessen Hauptverkehrsader beobachten, wie eine bis dahin in Harmonie vereinte Gruppe von Ausflüglern in zwei Parteien zerbricht. Die Gesten werden wilder, die Wortgefechte derart laut, dass man gar nicht anders kann, als mitzuhören. »Da geh ich ned nei, da hol ich mir ja Augenkrebs«, zetern die einen. Während die anderen darauf verweisen, dass dieser Biergarten zuallererst wegen seiner unverfälscht ländlich-pragmatischen Rustikalästhetik zu einer Berühmtheit geworden ist. Und erst als Zweites wegen des selbst gebrauten Biers.

Organisch gewachsen: ja. Aber urig im Stil jenes Gegenentwurfs zur lärmgeplagten, weit über den Horizont mit Beton und Stein ausgekleideten Häuserschlucht, den sich der Städter auf seinem täglichen Heimweg im Kopf zusammenillustriert: ganz sicher nicht! Der vorderste, zur Straße hin offene, komplett überdachte Bereich wirkt wie eine zum Biergarten umfunktionierte Werkstatt, in der einst schwere Landmaschinen wieder flottgemacht wurden. Waren die Stahlträger, auf die sich das Dach stützt, damals Laufkatzen? Weiter geht es durch einen engen Durchlass. Der Bauch des Dorfgartens erweist sich als riesig. Diesmal mit halbtransparentem Plexiglas: Seine vordere Hälfte ist ebenfalls überdacht. Erst ganz hinten darf sich der Gast ins Freie setzen.

Obwohl dieser Biergarten wie kein anderer polarisiert, ist es beim Göller immer rappelvoll. Speziell natürlich an den Wochenenden. Abends, wenn sich eine Landpartie ihrem Ende zuneigt, die Radfahrer aus der Fränkischen Schweiz herunterrollen und die Mütter verkünden, dass ihnen nachher zu kochen zu viel wird. Weil, so munkelt man, die Stammgäste aus dem Dorf dann schon mindesten zwei Seidla Vorsprung haben und deshalb gar nicht anders können, als für Stimmung zu sorgen. »Sogar wenns rengd, wir loon en Härgodd an goudn Moo sei!«

Adresse Scheßlitzer Straße 7, 96117 Memmelsdorf-Drosendorf, Tel. 09505/1745, www.goeller-brauerei.de | **Saison/Öffnungszeiten** Gasthaus ganzjährig, Biergarten nach Witterung, Mi–So ab 10 Uhr | **Biere** eigene Brauerei | **Essen** traditionelle Brotzeiten und warme Gerichte, Kaffee und Kuchen | **Ausstattung/Besonderheiten** Spielplatz | **Bei Schlechtwetter** große Teile überdacht | **Tipp** Im nahen Kleinziegenfelder Tal liegt ein zweiter Biergarten, der extrem polarisiert. Die einen halten die Küche der Schrepfersmühle gerade wegen der Fusion von Mediterranem und Fränkischem für genial, die anderen für ungenießbar.

15 Fritz Popps wetterfeste Bierbank

So weit aus der Norm fällt kein Zweiter

Draußen in der hintersten Provinz, wo der Fuchs den Hasen von seinem Speiseplan gestrichen hat, denn er hat es lieber, dass er ihm auch morgen wieder eine Gute Nacht wünschen kann, ist noch Platz, ein Paradies auf Erden zu errichten. Für sich – und die anderen.

Frühjahr 2014. Unweit von Langenzenn. Als eine Gruppe Radfahrer über die Egertenhöhe rollte, einen Bergrücken, der dem 220-Seelen-Dörfchen Dürrnbuch vorgelagert ist, dürften sich ihre Augen auf 28 Zoll geweitet haben, den Durchmesser ihrer Reifen. Im Scherz hatten sie sich im Jahr zuvor bei Fritz Popp beschwert, dass da oben zwar eine Rastbank zum Pausieren einlädt, neben der stets ein Kasten Bier bereitsteht. Samt Kasse. Dass aber noch niemand daran gedacht hat, wie übel es ihnen dort oben bei Regen ergeht. Jetzt standen sie vor der Konsequenz, die Dürrnbuchs ehemaliger (und schon früher einziger) Gastwirt aus ihrer Klage gezogen hatte. Beziehungsweise sie standen in Frankens kleinstem und mit Sicherheit zugleich originellstem wetterfesten Biergarten. Der Rentner hatte den Winter über an einer runden Hütte mit gepolsterter Sitzbank und Tisch gewerkelt, die so bemessen war, dass er sie im Februar mit einem Radlader hinaus an den Waldrand fahren konnte. Man wirft zwei Eurostücke in einen Automaten und zieht sich sein Getränk.

Er steht einfach da. Mitten im Nirgendwo. Mit Freiluft-Sitzgruppe, Feuerlöscher und Dixi-Klo. Mit Flaschenöffner, Lichtschalter, Lesebrille, Gästebuch und Stift. Mit Notfall-Klopapier. Und stellt durch seine pure Existenz die große philosophische Frage: Worin besteht er eigentlich, der Sinn unseres Seins und Strebens, der Zivilisation, ja der Menschheit? Zumindest so lange, bis sich Fritz Popp irgendwann doch der Bosheit geschlagen geben wird, zu der unsere Spezies fähig ist. Schon mehrmals haben Vandalen sein Stückchen Himmel auf Erden übel zugerichtet.

Adresse Dürrnbuch auf dessen Hauptstraße Richtung Bräuersdorf verlassen, bei der ersten Möglichkeit nach dem Ortsausgang nach links auf einen geteerten Feldweg abbiegen, diesem folgen, bis man ein Waldstück erreicht; an dessen Ende liegt rechts des Wegs Fritz Popps Schutzhüttchen mit Bierautomat | **Saison/Öffnungszeiten** nach Witterung, wird im Herbst abgebaut, 24 Stunden geöffnet | **Biere** diverse Brauereien | **Essen** selbst mitbringen | **Ausstattung/Besonderheiten** nur zu Fuß/per Rad erreichbar | **Tipp** Die Radfahrer von 2014 stammten aus Neustadt an der Aisch. Dort pflegt die Kohlenmühle die traditionelle fränkische Biergarten-Gemütlichkeit.

16__Schwanenkeller

Wo sich so manches Treibgut sammelt

Wenn die Sommersonne endlich genügend Kraft besitzt, um auch in die hintersten Winkel der Flusstäler vorzudringen und die bis dahin eiskalten Wasserläufe zu erwärmen, kommen sie aus ihren nassen Verstecken. Dann, so erzählt man es seit ewigen Zeiten, ist Vorsicht geboten, wenn man an der Wiesent, der Herzschlagader der Fränkischen Schweiz, entlangwandert. Denn auch Nymphen und andere Flussgeister lieben es, sich auf den Uferwiesen in die Sonne zu legen, einzudösen. Ein dicker Menschenfuß kann diesen unsichtbaren Schönheiten übel zusetzen, so manche wurde sogar schon unabsichtlich in den Fluss gekickt.

Weil auch eine Nymphe hinterher klüger ist, ist die Wahrscheinlichkeit groß, dass sie sich für das Missgeschick sogar bedanken wird. Sofern es sie bis nach Ebermannstadt geschwemmt hat. Genauer gesagt bis zu jenem präparierten Stücklein des Ufers wenige Flussmeter vor der Altstadt, das eigentlich für durstige Kanufahrer gedacht ist. Wer dort anlegt, steht im nächsten Moment auf dem Sommerkeller der 1812 aus einem Gasthaus heraus entstandenen Schwanenbräu, der letzten von einst neun Brauereien des Fachwerkstädtchens.

Besonders ist er nicht, der einer im Schwemmtal der Wiesent stehen gebliebenen Kuppe aufgesetzte Ausschank, will er aber auch gar nicht sein. Dafür umso typischer. Man lässt sich eine flüssige Rarität zapfen. Tipp: das kastanienbraune, unfiltrierte Kellerbier, dort schlicht Lager genannt. Die Schwanenbräu produziert pro Jahr gerade einmal 1.000 Hektoliter. Sieben Mal so viel füllt der norddeutsche Braugigant Becks an nur einem Tag ab. Vorsicht: So mancher Wanderer ist der Floskel auf den Leim gegangen, der Schwanenkeller wäre ein idealer Ausgangspunkt, da dort zahllose Routen beginnen. Geöffnet ist frühestens ab 15 Uhr! Und: Auf keinen Fall die angespülten Nymphen verärgern! Genau das hat dereinst, so eine Sage, ein Gänsehirt mit seinem Leben bezahlen müssen.

Adresse Mühlenstraße 1, 91320 Ebermannstadt, Tel. 09194/209, www.schwanenbraeu.de | **Saison/Öffnungszeiten** circa April–Sept. Mo–Fr ab 17 Uhr, Sa, So, Feiertage ab 15 Uhr | **Biere** eigene Brauerei | **Essen** traditionelle Brotzeiten, kleine warme Gerichte | **Ausstattung/Besonderheiten** Anlegestelle für Kanus, großer Spielplatz | **Bei Schlechtwetter** Braugasthaus im Stadtzentrum | **Tipp** Mit dem von uralten Linden beschatteten Nitsche Keller verfügt Ebermannstadt über einen weiteren oberhalb eines unterirdischen Vorratslagers errichteten und damit echt traditionellen Biergarten.

17 Wiesent-Garten

Am Anfang kamen die Franzosen

Zigtausend Ausflügler biegen am Wochenende von den Autobahnen 9 und 73 auf die Bundesstraße 470 ab, den Zubringer in das wildromantische Tal der Wiesent, das Herz der Fränkischen Schweiz. Nicht immer brachte diese Lebensader Gutes in die Region, denn Handelswaren stets auch Heeresrouten. Nach Ebermannstadt zum Beispiel. Dort machte Napoleons Grande Armée gleich mehrmals das Gastrecht des Stärkeren geltend. Weil dabei 30 Häuser des Städtchens in Flammen aufgingen, bestimmte eine Verordnung des Königreichs Bayern, dass Scheunen, in denen leicht Entzündliches wie Stroh und Heu gelagert wurde, nur außerhalb der Stadtmauern neu errichtet werden durften. Südlich der Altstadt entstand ein ganzes Viertel aus landwirtschaftlichen Fachwerk-Abstellschuppen, eine von den meisten Touristen sträflich vernachlässigte Augenweide.

Die Scheune, hinter der Richard Wiegärtner 2009 für alle, die gern den Sommer über in einem Bauerngarten die Zeit vertrödeln möchten, aber keinen eigenen besitzen, ein traumhaft schönes Gemeinschaftsfreiluftwohnzimmer eröffnet hat, markiert das Ende des so entstandenen Viertels, ist aber ein paar Jahrhunderte älter. Ursprünglich stand sie in Windischgaillenreuth, einem sieben Kilometer tiefer in der Fränkischen Schweiz gelegenen, keine 70 Einwohner kleinen Dorf, und wurde dort 1985 in ihre Einzelteile zerlegt. Dank ihr kann Richard Wiegärtner Planungssicherheit versprechen. Den ganzen Sommer über treten Jazzbands, Singer/Songwriter, aber auch der fränkischen Tradition verpflichtete Klangkünstler auf. Bei Regen wird unters Dach des 500 Jahre alten Stadels ausgewichen.

Der Wiesent-Garten liegt, sein Name sagt es, direkt am Flussufer. Sollte es einem nach zwei, drei Seidla an Geselligkeit mangeln, gibt man sich als Franzose aus und mischt auf der Boulebahn mit. Wird es abends kühl, wechselt man unter einen Freisitz, wo Wiegärtners Team eine Feuerstelle einschürt.

Adresse Am Kirchenwehr 10, 91320 Ebermannstadt, Tel. 0170/3529133, www.wiesent-garten.de | **Saison/Öffnungszeiten** circa Anfang April–Ende Okt., bei schönem Wetter Mo–Sa ab 15 Uhr, So und Feiertage ab 14 Uhr sowie außerhalb der Saison bei Kulturveranstaltungen | **Biere** Krug (Breitenlesau) | **Essen** traditionelle Brotzeiten, Warmes vom Grill, freitags gegrillter Fisch, Kaffee und Kuchen | **Ausstattung/Besonderheiten** Spielplatz, Boulebahn, Wohnmobilstellplatz ums Eck, abwechslungsreiches Veranstaltungsprogramm | **Bei Schlechtwetter** überdachter Freisitz, Scheune | **Tipp** Fährt man auf der B470 von Ebermannstadt nach Forchheim, kommt man am Schweizer Keller vorbei, der sich redlich müht, seinen einst grandiosen Ruf wiederherzustellen.

18 Maintalhof Bauernhofcafé

Nur mal kurz die Welt retten

Von Kalifornien über Berlin bis Sydney ist sich die Weltgemeinschaft einig geworden: Auf Greta Thunberg, diesen vor Energie nur so strotzenden Teenie, kann man bauen. Ihr kann man die Rettung des Klimas anvertrauen.

Nur dreiviertelgut dürfte es der jungen Schwedin auf dem Bauernhof gefallen, den die Familie Fleckenstein unten im schmalen, flachen Maintal betreibt. In Erlach, das nur über eine einzige Straße erreichbar ist, die im Dorf zur Sackgasse wird. Die Brücke ans andere Flussufer ist Fahrrädern und Fußgängern vorbehalten. 40 Kühe leben dort, auf 60 Hektar werden ihr Futter, Getreide und so weiter angebaut. Aber halt nicht nach Bio-Standard. Die Fleckensteins haben sich für ein anderes Zertifikat entschieden. Es wird an Betriebe vergeben, die Kindern hautnah vermitteln, woher das alles stammt, was wir essen, und wie es erzeugt wird. Bei einem Schulausflug. Oder via Familienurlaub. Sie sind ein Erlebnis-Bauernhof.

Wer sich zum ersten Mal in den kleinen, heimeligen Biergarten setzt, der am Wochenende neben den Übernachtungsgästen auch jedermann offen steht, wird freilich noch keine Einladung erhalten, beim Füttern und Ausmisten mitzuhelfen. Hierzu muss man schon zum Beispiel übers Wochenende bleiben. Puh, noch einmal Glück gehabt! Aber dass man genau darauf Lust bekommt, ist garantiert. Spätestens dann, wenn man die Kälbchen entdeckt hat, die sich ein wenig abseits der Sitzgelegenheiten langweilen und inständig auf Hände zum Beschnuppern, Finger zum Ablecken und Streicheleinheiten hoffen. Wer es einfach nur bei einem Bierchen oder einem Kaffee belassen will, ist natürlich auch willkommen. Auch er wird sich wie automatisch beides eingestehen: dass nicht nur den Kindern der direkte Draht zur Natur abhandengekommen ist. Und dass die Begeisterung über die Generation Thunberg, die bewundernswert viel Verantwortung auf sich lädt, die älteren Semester nicht gut aussehen lässt.

Adresse Ansbacher Straße 1, 97845 Neustadt am Main-Erlach, Tel. 09393/584, www.maintalhof.de | **Saison/Öffnungszeiten** Mitte März–Okt. Sa–Mo ab 11 Uhr | **Biere** Keiler | **Essen** warme und kalte Küche, Kaffee und Kuchen | **Ausstattung/Besonderheiten** viele Tiere, teils frei laufend; viele Spielgeräte und -möglichkeiten, Mitarbeit auf dem Hof, Pferdereiten, Ponykutsche und vieles mehr für Übernachtungsgäste | **Bei Schlechtwetter** Freisitz, Gasthütte | **Tipp** Das nahe Lohr am Main ist ein hübsches kleines Städtchen. Schneewittchen soll dort gelebt haben. Empfehlenswert ist hier der Biergarten des Keiler Brauhauses.

19__Entla's Keller

Platz für 60.000 Einheiten

Ein Spaziergang durch den konstant acht Grad kalten Bauch der Erde. Wie in allen historischen Lagerkellern herrscht auch in den in den Erlanger Burgberg getriebenen Stollen genau jene Temperatur, bei der Bier am längsten haltbar ist und am besten schmeckt. Nur eine der einst 16, durch Einstürze auf 13 dezimierten unterirdischen Anlagen, die sich unter der markanten Erhebung nördlich der Erlanger Altstadt verbergen, wird heute vom Frühjahr bis zum Herbst auch zu ihrem zweiten Zweck genutzt – als Biergarten. Darüber hinaus ist der Entla's Keller der einzige in ganz Franken, der bei laufendem Betrieb regelmäßig Führungen anbietet. Jeden Sonntag um elf Uhr nimmt Friedrich Engelhardt alle, die eine Jacke mitgebracht haben, mit in das ursprünglich 21 Kilometer lange Wirrwarr aus Gängen und Kavernen.

Sofern nicht gerade der Berg ruft. So sagt man in Erlangen, wenn am Donnerstag vor Pfingsten die fünfte Jahreszeit anbricht. Die Bergkirchweih ist das wildeste der großen Volksfeste. Denn während der zwölf Tage gehört es sich so, dass Tausende Studenten, die sich zum ersten Mal in ihrem Leben nicht am Morgen danach vor ihren Eltern rechtfertigen müssen, jedwedes Maß verlieren. Für Franken ungewöhnlich: Auf dem Entla's Keller wird ihnen das Bier gleich in der entsprechenden Abmessung, der südbayerischen Maß, vorgesetzt.

Friedrich Engelhardt übernahm den Entla's Keller 1972 von seinem Vater, der bereits etliche Meter des damals teilweise zugeschütteten natürlichen Kühlschranks wieder in Betrieb genommen hatte. Er setzte die unterirdische Neuerschließung fort, bis er die gesamten 60.000 Liter verstauen konnte, die seinen Gästen während der Bergkirchweih den Kopf verdrehen. Engelhardts Sohn Vincenz Schiller würde gern den nächsten Schritt gehen und direkt auf dem Keller brauen. Weil dies nicht der Tradition entspricht, hat die Stadt aber Nein gesagt und auf den Denkmalschutz verwiesen.

Adresse An den Kellern 5 – 7, 91054 Erlangen, Tel. 09131/22100, www.entlaskeller.de | **Saison/Öffnungszeiten** April – Ende Sept. täglich außer Mo ab 11 Uhr | **Biere** selbst gebrautes Bier, wechselnde Biere großer und kleiner regionaler Brauereien | **Essen** traditionelle warme und kalte Gerichte, Kaffee und Kuchen | **Ausstattung/Besonderheiten** regelmäßig Livebands, jeden So um 11 Uhr Führung durch den Felsenkeller | **Bei Schlechtwetter** Gastraum | **Tipp** Wer dem Trubel der Bergkirchweih entfliehen will, wird im Erlanger Stadtteil Dachsbach finden, wonach er sich sehnt. Der Biergarten des dortigen Forsthaus ist eine Oase der Entschleunigung, die Blicke schweifen über einen See, die Nerven beruhigen sich.

20 Gasthaus zum Fiedler in der Fattigsmühle

Halligalli im Idyll

Jeden Mai fallen an einem Donnerstag auch im oberfränkischen Hof schon am frühen Vormittag die ersten Kronkorken klirrend auf den Asphalt. Die Region ist evangelisch geprägt, der Brauch deshalb besonders tief verwurzelt, dass sich an Christi Himmelfahrt Väter mit ihren Kumpels aus alten Zeiten einen feuchtfröhlichen Ausflug gönnen. Längst verabreden sich auch Jungs, die noch warten wollen, bis sie in einer heißen Liebesnacht Tatsachen schaffen. Auch sie ziehen einen Bollerwagen mit Bier und diversen Schnäpsen hinter sich her. Immer an der Saale entlang. Zur Fattigsmühle. In deren wildromantischem Biergarten sich schon seit dem Morgen eine ganze Sau am Spieß dreht.

Das Halligalli des Vatertagsauftriebs mag legendär sein, rückt die Fattigsmühle aber in ein falsches Licht. Das im Mittelalter aus einer bescheidenen Burg hervorgegangene Fachwerkensemble am rauschenden Bach ist ein Idyll wie aus dem Bilderbuch. Eine Oase der Ruhe. Am Fuß eines Felsabhangs duckt es sich ins Tal. Und wurde trotzdem im Dreißigjährigen Krieg von Söldnern gefunden, die dem Müller die Zunge herausrissen. Einige Generationen später schüttelte es die Bewohner, weil nachts wieder und wieder ein Getriebener umging. Aus Trauer um seinen Bruder, so sagt man, der 1789 tot in der Saale trieb.

Wie am Vatertag ist es auch in der Zeit der Ruhe am schönsten, sich der Fattigsmühle auf demselben Weg zu nähern, auf dem es schon Jean Paul, den meistgelesenen Dichter seiner Zeit, nach Anbruch der Dunkelheit in das Dorf seiner Kindheit, Joditz, hinausgezogen hatte. Der nach dem Schluckspecht benannte Wanderweg beginnt am Jean-Paul-Brunnen in Hof. Nach zweieinhalb Stunden zu Fuß hat man sich eine Brotzeit redlich verdient – und die Fattigsmühle erreicht. Man sitzt, schaut, schenkt den immer eiligen Fahrradfahrern ein müdes Lächeln. Und den Freaks, die an den hauseigenen Boulderfelsen ihre Kräfte messen.

Adresse Fattigsmühle 34, 95183 Töpen, Tel. 09295/521 | **Saison/Öffnungszeiten** Gasthaus ganzjährig, Biergarten nach Witterung, täglich ab 11 Uhr | **Biere** Meinel | **Essen** bodenständige warme und kalte Küche | **Ausstattung/Besonderheiten** selbst gebackenes Holzofenbrot, Spielplatz, Kletterfelsen | **Bei Schlechtwetter** Gastraum | **Tipp** Der Weg von Hof zur Fattigsmühle führt über die Ruine der Burg Saalenstein – und damit auch den Biergarten des dortigen Restaurants.

21 Waldschänke Brückkanal

Ingenieurskunst küsst wilde Flussromantik

15. Juli 1846. Bayern schreit seine Freude hinaus. Nach zehn Jahren Schufterei kann das mit 172 Kilometern längste Bauprojekt, das Münchens Ingenieuren bis dahin aufgetragen worden war, endlich seiner Bestimmung übergeben werden. Zwischen dem Donaustädtchen Kelheim und Bamberg hatten sie eine Rinne ausheben und mit Wasser füllen lassen, den Alten Kanal, auf dem bis 1949 schmale Kähne schwere Güter aller Art von A nach B schipperten. Wenige, dafür umso hartnäckigere neuralgische Stellen hatten die Eröffnung arg verzögert. Dort, wo sich heute einer der beliebtesten Biergärten des Nürnberger Umlands breitmacht, die Waldschänke Brückkanal, lag die schlimmste.

Das aus einem Schleusenwärterhaus hervorgegangene Freizeitparadies bildet den westlichen Abschluss eines spektakulären Geotops. Zwei Kilometer vor dem Sommergasthaus beginnt eine Klamm, die das Flüsschen Schwarzach im Lauf von Jahrmillionen in den Untergrund gegraben hat – inklusive Höhlen, in denen der Schwedenkönig Gustav Adolf 1632 nachweislich gebetet und in denen sich bestimmt schon so manches Spukgespenst auf die Lauer gelegt hat. Und genau da lag für die Ingenieure das Problem. Denn hier musste die künstliche Wasserstraße die Schwarzach queren. Auf einem sogenannten Brückkanal. 17,5 Meter oberhalb des Flussbetts.

Beide, das wildromantische, von einem Spazierweg erschlossene Natur- und das nach wie vor zumindest mit Modellbötchen befahrbare Baudenkmal, garantieren, dass hier nicht allein auf der üppigen Speisekarte der Waldschänke, sondern auch weit über den eigentlichen Biergarten hinaus für jeden Geschmack genau das Richtige geboten wird. Tipp: die Salzknöchla, das fränkische Eisbein! Ängstliche Mitbürger suchen sich lieber dort einen Platz, wo sie das Kanal-über-Fluss-Monument nicht sehen können, der Biergarten lässt ihnen die Wahl, ist labyrinthisch verschachtelt. Denn 1843 wäre der Erstversuch um ein Haar geborsten.

Adresse Am Brückkanal 3, 90537 Feucht, Tel. 09128/4326, www.brueckkanal.com | **Saison/Öffnungszeiten** Gasthaus ganzjährig, Biergarten circa März–Okt. täglich außer Mo ab 10 Uhr | **Biere** Landwehr Bräu, Veldensteiner | **Essen** fulminante Auswahl an traditionellen Brotzeiten und warmen Gerichten, wechselndes Tagesgericht, Kaffee und Kuchen | **Ausstattung/Besonderheiten** großer Spielplatz | **Bei Schlechtwetter** Freisitz, Gaststube | **Tipp** Im nahen Schwabach beziehungsweise im dortigen Ortsteil Schaftnach stellt die Gaststätte Döllinger im Sommer Tische auf die Wiese ihres Obstgartens – perfekt!

22 Forchheimer Kellerwald: Anna zu Ehren

23 auf einen Streich

In ihrer Burg wurden im Mittelalter Kaiser ernannt, hinter ihrer Stadtmauer brachte der Bamberger Bischof seine Schätze in Sicherheit. Noch stolzer als auf ihre ruhmreiche Geschichte aber sind die Forchheimer auf einen 20.000 Quadratmeter großen Wald etwa einen Kilometer südöstlich der Altstadt. Jedes Jahr eröffnet dort Ende Juli für elf tolle Tage der – wie die Forchheimer zu betonen nicht müde werden – größte Biergarten der Welt. Beim Annafest lassen sich 500.000 Durstige auf 23 Kellern nicht nur einmal einen Krug füllen. Mit eigens für diesen Anlass gebrauten Bieren.

Die Wurzeln des weltberühmten Volksfestes – und damit auch die des spektakulärsten aller fränkischen Kellerberge – liegen im späten 16. Jahrhundert. Ob der damals grassierenden protestantischen Ketzerei hielten es die Forchheimer für gegeben, zu Ehren der Großmutter von Jesus ins keine acht Kilometer entfernte Unterweilersbach zu wallfahren. Das kräftezehrende Glaubensbekenntnis wollte natürlich umgehend belohnt sein. Die ersten gut 100 Jahre kehrte man auf direktem Weg in die Altstadt zurück, wo man sogleich so viele neue Sünden anhäufte, dass die Wirte an ihre Grenzen stießen. Auch deshalb gab die Stadtregierung 1691 den Gemeinschaftswald der Forchheimer Bürger frei, um dort Lagerkeller anzulegen. Fortan ging der Zug der frommen Leute einen Umweg, dienten ihnen doch die schier unerschöpflichen Vorräte, die im Kellerwald bereitgehalten wurden, auch als Ausrede, gleich ein paar Tage der Arbeit fernzubleiben.

1852 war das Potenzial des Bergs mit 54 Kellern erschöpft. Warum die offizielle Zählung aber bereits bei 24 endet (ein eingestürztes Labyrinth mitgerechnet)? Ab da konnten die Brauer die Kapazitäten nur noch erweitern, wenn sie einzelne Stollen zusammenlegten.

Elf Keller sowie ein zwölfter Biergarten werden auch über das Annafest hinaus bewirtschaftet. Noch typischer fränkisch: geht nicht!

Adresse Der Forchheimer Kellerberg liegt südöstlich der Altstadt, der Weg zum zentralen Parkplatz an der Unteren Kellerstraße ist ausgeschildert. | **Saison/Öffnungszeiten** Das Annafest beginnt immer am Freitag vor dem 26. Juli, dem Patronatstag der heiligen Anna. Die Keller öffnen dann bereits um zehn Uhr. | **Biere** zum Beispiel Rittmayer, Löwenbräu Buttenheim, Greif | **Essen** traditionelle kalte und warme Gerichte, aber auch Brotzeiten und kleine Gerichte | **Tipp** Weitere Keller, die in der Saison geöffnet haben, sind der Glocken-Keller, Schaufel Keller und Schindler-Keller.

23 Forchheimer Kellerwald: Greif's Keller und Neder Keller

Der erste wird nicht der letzte sein

Die Weitläufigkeit des Forchheimer Kellerwalds und die verschachtelte Anordnung seiner acht Freiluftwohnzimmer, die wie zufällig da und dort an die Flanke des mitunter steilen Bergs gesetzt sind, garantieren: Tagsüber und überhaupt unter der Woche geht es im größten Biergarten der Welt gelassen zu.

Betritt man das Heiligtum fränkischer Bierseligkeit vom zentralen Parkplatz aus, muss man schon nach wenigen Metern Stärke beweisen. Noch am Fuß des Bergs: die erste Verlockung, die ganzjährig geöffnet ist. Der Greif's Keller macht sich auf einem Plateau breit, wodurch er auch für Durstige geeignet ist, die nicht gut zu Fuß sind. Er ist nach der jüngsten der vier Forchheimer Brauereien benannt, von der er auch betrieben wird. Das Bier wird noch mit »bayerischem Anstich« gezapft. Was das ist? Man denke an Münchens Oberbürgermeister und die Oktoberfest-Eröffnung: Zapfhahn ins Fass gehauen – und schon läuft die Sache ganz von selbst. Im Gegensatz zu konventionellen Schankanlagen muss beim bayerischen Anstich keine Kohlensäure eingepresst werden. Das Mundgefühl wird nicht beeinträchtigt. Wer Glück hat, findet auf der Speisekarte Blaue Zipfel, eine typisch fränkische Merkwürdigkeit, die nur noch selten angeboten wird: in einem heißen Essigsud durchgezogene Bratwürste.

Forchheims älteste Sudstätte hat ihren Ausschank in der oberen Etage des Biergartenparks, man ist dankbar, dass der Weg hinauf eine weite Schleife nimmt, denn dadurch bleibt er stets nur mäßig steil. Paradetrunk der 1554 erstmals urkundlich erwähnten Brauerei Neder ist ein Dunkles, das, wie könnte es anders sein, nach dem Kellerfest benannt ist: die Schwarze Anna. Der benachbarte Schützenkeller ist entgegen seinem Namen der einzige der Biergärten, unter dem kein Stollen in die Tiefe führt.

Adresse Greif's Keller: Auf den Kellern 9, 91301 Forchheim, Tel. 09191/14735; Neder Keller: Auf den Kellern 25, 91301 Forchheim, Tel. 09191/2885 | **Saison/Öffnungszeiten** Greif's Keller: April–Sept. Mo–Sa ab 15 Uhr, So ab 9 Uhr, Okt.–März Di, Do–Sa ab 15 Uhr, So ab 9 Uhr; Neder Keller: ganzjährig Mo ab 17 Uhr, Di, Fr, Sa, So 11–14 Uhr und 17–22 Uhr | **Biere** Greif's Keller und Neder Keller: eigene Brauerei | **Essen** Greif's Keller: traditionelle Brotzeiten und kleine warme Gerichte; Neder Keller: traditionelle kalte und warme Gerichte | **Bei Schlechtwetter** Greif's Keller und Neder Keller: Gastraum | **Tipp** Weitere Keller, die in der Saison geöffnet haben, sind der Schützenkeller und der Schlößla Keller.

24 Forchheimer Kellerwald: Hebendanz-Keller und Eichhornkeller

Zum Finale in die Beletage

Seltsam: Im Forchheimer Kellerwald tragen ausgerechnet jene Schankstätten unwiderstehlich einladende, eine blühende Phantasie bezeugende Namen, die nicht von einer der vier lokalen Brauereien betrieben werden. Mit einer Ausnahme.

Lässt man sich durch den Biergartenpark treiben, laden unterwegs der Winterbauer-Keller, der Rappen-Keller, dessen Stollen 55 Meter tief in den Felsen reicht, und der Glocken-Keller ein, auf ein Seidla einzukehren. Unter anderen. Während der Blümleins-Keller und der Weiss-Tauben-Keller nur während des Annafests geöffnet sind. Letzterer gehörte der 1960 stillgelegten Weiss-Tauben-Bräu, die ihren eigenen, 1691 angelegten Lagerstollen mit vier angrenzenden Kellern verband, als ein Spross der Familie 1783 seine eigene Sudstätte gründete. Vorratsschlauch Nummer 4, der einst einer Klosterbrauerei gehört hatte, wurde wieder abgetrennt. Das erklärt: 1) Weshalb sich die Forchheimer noch immer beim Kapuziner-Wirt verabreden, obwohl sie sich auf dem Eichhornkeller treffen wollen. 2) Weshalb sich die Oase mit dem Klettertier im Logo fast schon an ihren Nachbarn ankuschelt. Den ganzen Sommer über kümmert sich der Eichhornkeller, dass es niemandem an – viel gerühmt! – Backhähnchen und Haxe mangelt.

Dass auch der ganzjährig geöffnete Hebendanz-Keller nach der Brauerei benannt ist, die ihn als Vorratskammer angelegt mit einem Ausschankhaus und Gästeterrassen überbaut hat, dürfte keine Überraschung sein. Auch nicht, dass die Besitzerfamilie von 1579 bis heute immer Hebendanz hieß und heißt. Das Bier wird hier nicht nur im Stollen temperiert, sondern auch dort gezapft. Jedes Seidla muss mühsam auf eine ein Stockwerk höher liegende Ebene hinaufgetragen werden, denn man sitzt – der Last des Alltags enthoben – quasi in der Beletage, ein paar Meter über der Straße.

Adresse Eichhornkeller: Auf den Kellern 17, 91301 Forchheim, Tel. 09191/60626, www.eichhorn-keller.de; Hebendanz-Keller: Auf den Kellern 22, 91301 Forchheim, Tel. 0160/90251346 | **Saison/Öffnungszeiten** Eichhornkeller: April–Okt. Di–Fr ab 16 Uhr, Sa, So ab 11 Uhr; Hebendanz-Keller: April–Sept. Mo–Fr ab 14 Uhr, Sa ab 13 Uhr, So ab 11 Uhr | **Biere** Eichhornkeller: eigene Brauerei; Hebendanz-Keller: eigene Brauerei | **Essen** Eichhornkeller: traditionelle kalte und warme Gerichte; Hebendanz-Keller: traditionelle kalte und warme Gerichte | **Bei Schlechtwetter** Eichhornkeller: Gastraum; Hebendanz-Keller: überdachter Freisitz | **Tipp** Weitere Keller, die in der Saison geöffnet haben, sind der Rappen-Keller, Stäffala-Keller und Winterbauer-Keller.

25 Forstquell-Brauerei

Genusstempel im Nirgendwo

Über Jahrhunderte prägte das Nebeneinander von Kirche und Gasthaus das Leben in den Dörfern. Entgegen unserer Verklärung nicht immer im Guten. Priester beider Konfessionen sicherten sich ihre Macht über ihre Schäfchen, indem sie ihnen mit Worten spitz wie eine Nadel Angst injizierten … die die Männer beim Frühschoppen mit so viel Bier herauszuschwemmen versuchten, dass sich ihre Frauen genötigt sahen, ihnen den Sonntagsbraten ins Wirtshaus hinübertragen zu lassen. Auf dass sie sich den Magen vollschlagen, er gegen ihre Eingeweide drückt. Denn dann schlägern sie sich diesmal – hoffentlich – nicht. Kein Wunder, dass beide Instanzen mehr und mehr gemieden wurden, seit man sich einen Fernseher und mit ihm eine andere Sicht auf die Welt in die Wohnstube holen konnte.

Sensibilität war demzufolge gefragt, als sich die Familie Kollmar Ende der 1990er anschickte, dem von ihren Vorfahren 1731 erworbenen, damals über 300 Jahre alten Braugasthaus des 250 Einwohner kleinen, auch im Zeitalter der asphaltierten Straßen nicht leicht erreichbaren Dörfchens Fürnheim eine bauliche und mentale Rundumerneuerung zu gönnen. Inklusive seiner Sommeroase, eines dem Gasthaus vorgelagerten Biergarten, versteht sich. Sie entschieden sich für eine Fusion aus einem weltzugewandten Genusstempel gehobenen Stils und einer rustikalen, aber sittsamen zweiten Heimat für die eingeborenen Durstigen. Die Zeitschrift »Der Feinschmecker« belohnte die Neuinterpretation eines dörflichen Hafens der Kommunikation mit der Aufnahme in die Top-Adressen in Bayern.

… und so sitzen sie Tag um Tag einträglich nebeneinander. Unterm kühlen Blätterdach. Im milden Licht der Abendsonne. Und kommen schnell ins Gespräch: von Landlust Getriebene, die bis aus München anreisen, und junge Burschen, die nicht abwandern wollen und gern darüber erzählen, wie es wirklich ist, im Nirgendwo des hintersten Winkels Frankens zu leben.

Adresse Fürnheim 35, 91717 Wassertrüdingen-Fürnheim, Tel. 09832/9657, www.forstquell.de | **Saison/Öffnungszeiten** Gasthaus ganzjährig, Biergarten April–Okt. täglich ab 11 Uhr, Gasthaus Nov.–März Mo–Do ab 16 Uhr | **Biere** eigene Brauerei | **Essen** gehobene traditionelle kalte und warme Küche | **Ausstattung/Besonderheiten** Fliegenklatschen zum Ausleihen | **Bei Schlechtwetter** Gasthaus | **Tipp** Im nicht weit entfernten Ornbau zieht der Nepomuk Biergarten Radwanderer magisch an – dank seiner Lage am Ufer des gemütlich dahinfließenden Zulaufs des Altmühlsees.

26 Kofferfabrik

Oh, I believe in yesterday

John, George und Ringo tragen Schuhe. Paul aber überquert auf demselben Plattencover den berühmtesten Zebrastreifen von London so, wie man dort traditionell beerdigt wird: barfuß. Paul ist nicht der einzige Beatle, der heimlich durch einen Doppelgänger ersetzt wurde. Fei wergli!

Spätestens dann, wenn man einen Sommerabend im Hof der Fürther Kofferfabrik verhockt hat und die Anzahl der getrunkenen Biere nicht mehr eindeutig rekonstruieren kann, ist man sich absolut sicher: Als Mark David Chapman am 8. Dezember 1980 vor dem Dakota Building zum Revolver griff, hatte sich der echte John Lennon längst aus New York abgesetzt. Täglich trifft sich das langhaarige Grischberla mit den in die Jahre gekommenen Künstlertypen, die sich den Freiraum zwischen den Backsteinwänden der 1890 hochgezogenen Spiegelmanufaktur Winkler & Kütt als ihr Freiluftwohnzimmer eingerichtet haben. Im Winter rücken sie an einer Feuertonne zusammen. Im Sommer verleihen gegrilltes Fleisch und Gemüse der Luft diese besondere Würze. Dann mischen sie sich unter die Masse jener älteren Semester, die die Sehnsucht nach dem Spirit ihrer Jugend in Frankens letzte unabhängige Arche der alternativen Kultur zurücktreibt.

Der surrealistische Maler Lothar Böhm gründete die Kofferfabrik erst spät: 1994. 2006 übernahmen Udo Martin – Markenzeichen weiße Hippiematte – und Thomas Schink die Regie über Kneipe und Biergarten, die Ateliers, die Galerie, die Konzert- und Theaterbühne. Weil sich die Backsteinmauern leicht aufheizen und ihre Wärme nach Sonnenuntergang wieder abgeben, tragen die Gäste schon im April ihr Bierchen gern ins Freie. Wenn dann das Quecksilber über Tage nicht mehr unter die 30-Grad-Marke fallen will, ist längst ein Sonnensegel aufgespannt. Udo und John dösen nämlich lieber im Schatten. Die Subkultur der 90er. Aber kein Revival. Vorsicht: In diesem Biergarten sitzt man in einer Zeitschleife.

Adresse Lange Straße 81, 90762 Fürth, Tel. 0911/706806, www.kofferfabrik.cc | **Saison/Öffnungszeiten** April–Sept. Mo–Do ab 17 Uhr, Okt.–März Mo–Do ab 18 Uhr | **Biere** Weißenohe, Weizen von Gutmann | **Essen** warme Küche, im Sommer wird Fr und Sa gegrillt | **Ausstattung/Besonderheiten** an kalten Tagen Feuertonne | **Bei Schlechtwetter** Direktzugang in die Kneipe | **Tipp** Wer es zugleich chic und rustikal mag, findet in der Fürther Südstadt im Hof von Humbser und Freunde sein Sommerabendglück.

27 Griess Keller

Seit Generationen ein Mythos

Wenn die Tage endlich wieder länger als die Nächte sind, bürdet sich halb Franken die verantwortungsvolle Aufgabe auf, eine neue Liste zusammenzustellen. Beinahe täglich tauchen jetzt auf Facebook und Co. neue Rankings auf, die informieren, wo man in diesem Sommer eine Brotzeitplatte verputzt und ein Seidla getrunken haben muss. Als wäre es ein fränkisches Naturgesetz, ist der Griess Keller, der sich zehn Kilometer östlich von Bamberg in eine von einem wild und frei mäandernden Bach ausgeschwemmte Niederung abduckt, immer ganz vorne mit dabei.

Rückblende. 1960/70er Jahre. Auch auf dem Land will man es endlich bequem haben, modern sein. Wie so vieles gelten auch die Bierkeller als altes Glump und werden ausrangiert. 1980er. Die hightech- und fortschrittshörigen Nürnberger wissen nicht mehr, um wie viel besser ein nicht industriell hergestelltes Bier schmeckt. Die Brauerei Griess liefert einer Schar urbaner Freigeister, die sich nach dem Ursprünglichen zurücksehnt. Weil sie parallel ihren Keller wieder auf Vordermann bringt, weiß man in der Frankenmetropole bald, wo genau man in den schier unendlichen Weiten des Bauernlands das Althergebrachte suchen muss. Seither wird der Mythos Griess von einer Generation an die nächste weitergereicht.

Schon der Weg zum Glück ist bei ihm ein Erlebnis. Der kürzeste führt vom Dörfchen Geisfeld aus durch die Felder. Eine Fahne markiert das Ziel. Stundenlang kann man auf den an einem Hang labyrinthisch angelegten Terrassen sitzen und den Blick über die Landschaft schweifen lassen, ein Naturschutzgebiet, oder seine Augen an liebevoll drapierten Kunstwerken und allerlei Nippes weiden. Das Bier wird direkt aus dem Fass gezapft. Es ist – eigentlich für Franken typisch, aber selten geworden – ungespundet. Das heißt, dass in der Reifephase das Spundloch des Lagertanks geöffnet war und es dem fertigen Bier dementsprechend an Kohlensäure mangelt, wodurch man in kürzerer Zeit eine größere Menge in sich hineinschütten kann.

Adresse Kellerweg 9, 96129 Strullendorf-Geisfeld, Tel. 09505/4300719, www.griesskeller.net | **Saison/Öffnungszeiten** circa Mai–Okt., nur bei gutem Wetter, Mo–Fr ab 16.30 Uhr, Sa ab 14 Uhr, So, Feiertage ab 11.30 Uhr | **Biere** eigene Brauerei | **Essen** traditionelle Brotzeiten und warme Gerichte, Currywurst und Ähnliches | **Ausstattung/Besonderheiten** weitläufiger Spielplatz, freitags im Wechsel Livemusik oder Fisch vom Grill | **Bei Schlechtwetter** Gasthaus im Ortszentrum | **Tipp** An der Straße von Geisfeld nach Strullendorf liegt mit der Regnitztaler Alm ein Bierkeller, auf dem Trachtengruppen gern Volkstänze aufführen. Geöffnet ist er nur am Wochenende.

28 Biergarten zum Bergschlösschen

Bevor das Bier fließt, rinnt der Schweiß

Obwohl die Presse noch nie vermeldet hat, dass ein Gast nicht aus eigener Kraft, dafür mit einem übel verdrehten Hals und gebrochenen Beinen aus Gräfenbergs Kultbiergarten zurückgekehrt ist, will eine Warnung ausgesprochen sein. Vorsicht: Sie lauert vor und nach dem Seidla, die Gefahr!

Statt wie üblich durch eine Fahne zeigt bei diesem Biergarten eine Tafel an, ob geöffnet ist. Sie steht zwischen der Brauerei Friedmann, der das Schmuckstück gehört, und dem Hiltpoltsteiner Tor, dem östlichen Zugang in die enge, quer über einen Berghang gezogene heimliche Hauptstadt der südlichen Fränkischen Schweiz. Ohne dieses Hinweisschild würde kaum jemand die hoch über dem Ort thronende Terrasse finden. Aber, oje, der Weg zum Glück besteht aus einer Treppe, die so lang ist, dass man ihr Ende nicht absehen kann. Südhanglage obendrein. Unentwegt und unbarmherzig stechen die Strahlen der Sonne zu. Als wären sie Degen und der Durstige ihr Feind. So viel Schweiß, wie man im Kampf um jede Stufe verliert, kann man gar nicht nachschütten! Denn so viel Bier könnte auch der weltbeste Lagermeister nicht bevorraten. Lohn der Angst, nicht lebend oben anzukommen: die berauschendste Aussicht, die man sich nur vorstellen kann. Bei gutem Wetter glaubt man sogar, ganz hinten in der Ferne die Türme der Nürnberger Burg zu erkennen. Ihre Silhouette ist einzigartig. Der vage Schein trügt also nicht.

Auch wenn es den Franken zuzutrauen wäre, dass sie sogar in dieser schwindelerregend unbequemen Lage einst einen Lagerstollen für ihr Bier in den Fels getrieben haben, ein echter Keller ist das Bergschlösschen nicht. Wie zum Hohn hielt die Brauerei Friedmann ihr Bier unten kühl. Auf Höhe der ersten Treppenstufe. Ihr unterirdisches Stollenlabyrinth versteckt sich unter dem Sudhaus, das in den 1920ern vor das Stadttor verlegt wurde.

Adresse Am Michelsberg 36, 91322 Gräfenberg, Tel. 0162/5890690; Tipp: den Biergarten auf dem alternativen, bequemen Weg über die Straße Am Michelsberg ansteuern | **Saison/Öffnungszeiten** Mai–Sept. Fr ab 16 Uhr, Sa, So, Feiertage ab 14 Uhr | **Biere** eigene Brauerei | **Essen** traditionelle Brotzeiten | **Ausstattung/Besonderheiten** spektakulärer Ausblick | **Bei Schlechtwetter** kleiner Gastraum | **Tipp** Der Biergarten von Gräfenbergs zweiter Brauerei, der Lindenbräu, mag winzig sein. Dafür können ihn auch weniger sportliche Genießer gefahrenfrei erreichen.

29 Waldhaus Einsiedel

Wer besteht die Mutprobe?

Ein Biergarten, der auf einen Schlag gut 1.000 Durstige auch noch mit Brotzeiten versorgen kann. Das aus einem Basislager für Forstarbeiter hervorgegangene Waldhaus Einsiedel liegt weit weniger im Abseits, als sein Name vermuten lässt. Da man das geschlagene Holz ja auch abtransportieren wollte, wurde der Gramschatzer Wald im 16. Jahrhundert zuallererst mit Wegen durchschnitten. Einer verband den Marktflecken Rimpar mit seinem heutigen Ortsteil Gramschatz. Die etwa auf halber Strecke angelegte Versorgungsstelle für Mensch und Vieh wurde immer wieder an die wachsenden Ansprüche der Zeit angepasst. 1860 erhielt sie ihr heutiges Wahrzeichen, ein mit roten Ziegeln vermauertes Fachwerkhäuschen, 1892 dann die Erlaubnis, jedermann wohlgehopftes Nass in einen Krug zu füllen. Mit Hedwig Stahl nahm dort 1901 eine Wirtin erstmals ihr Sommerquartier, deren rustikales Charisma von so großer Anziehungskraft war, dass die Schänken des nahen Würzburg um ihr Auskommen fürchten mussten. Zumindest an den Sonntagen. Ihr Bier schaffte sie mit einem Wägelchen, dem zwei Ziegen vorgespannt waren, heran. Mehr Komfort warf das Idyll am Wegesrand trotz seines Ruhms nicht ab.

Und heute? Dank der Liebe der Städter zur von Umweltgiften und Klimawandel gequälten Natur kann den jetzigen Pächtern herzlich egal sein, dass die Konkurrenz – der am nicht wirklich weit entfernten Main offerierte Frankenwein – immer mehr Gourmets in ihren Bann zieht. Gleich hinter dem weitläufigen Biergarten, einer Lichtung im Dickicht alter Stämme, mit seinem nicht minder riesigen, jüngst runderneuerten Spielplatz lädt ein Walderlebniszentrum dazu ein, das Miteinander von Eichen, Buchen, Farnen und Pilzen mit allen Sinnen zu begreifen. Highlight ist der »Kletterwald«, ein Abenteuerpfad hinauf in die Wipfel und quer durch die Kronen der Bäume – eine Mutprobe für echte und bereits erwachsene Kinder von vier bis 99 Jahren.

Adresse egal, ob man das Waldhaus Einsiedel über Rimpar, Gramschatz oder von der Autobahnausfahrt Gramschatzer Wald aus anfährt: den Schildern zum Walderlebniszentrum folgen; Tel. 0931/73047297, www.waldhaus-einsiedel.de | **Saison/Öffnungszeiten** ab Mitte April, Biergarten: Mi–So ab 11 Uhr; Kletterwald: Sa, So, in den Ferien täglich ab 10 Uhr; Walderlebniszentrum: Mo–Fr 8.30–16.30 Uhr, So 13–16.30 Uhr | **Biere** Arnsteiner Brauerei | **Essen** Brotzeiten, warme Küche, wechselnde Tagesgerichte | **Ausstattung/Besonderheiten** dank riesigem Spielplatz kann man hier auch mit Kindern locker einen halben Tag verbringen | **Bei Schlechtwetter** überdachter Freisitz, kleiner Gastraum | **Tipp** Auf der anderen Seite der Autobahn, bei der Wallfahrtskirche Fährbrück, empfiehlt sich der Biergarten des Hubertushofs. Man sitzt extrem idyllisch – unter Obstbäumen.

30__Waldsteinhaus

Willkommen in der Märchenwelt

Wo Franken allmählich in den ehemaligen Osten übergeht, in die einstigen Länder DDR und ČSSR, soll es nie richtig hell werden und das Wetter grundsätzlich miserabel sein. Das Fichtelgebirge hat so schwer mit Vorurteilen zu kämpfen, dass es höchste Zeit ist, endlich einmal eine Lanze für das Stiefkind unter den nordbayerischen Wanderparadiesen zu brechen. Dank eines Biergartens, der seit mindestens 270 Jahren Jung und Alt verzaubert: Nichts leichter als das!

Das Waldsteinhaus, 1853 als winterfester Ersatz für einen wenige Jahre zuvor eröffneten Bierausschank erbaut, ist der Nabel der vielleicht schönsten und mit Sicherheit abwechslungsreichsten Fantasy-Sommersonntags-Filmwelten, an denen die Region um Wunsiedel wahrlich nicht arm ist. Hollywoods Kulissenbauer schäumen, denn der Berg, der sich zwischen Zell und Weißenstadt gen Himmel streckt, der Große Waldstein, lässt sie wie Amateure aussehen. Der Clou: Man fährt mit dem Auto bis zum Biergarten hinauf, wodurch wirklich jeder auf seine Kosten kommt – von der Sportskanone bis zum Rollstuhlfahrer. Man stärkt sich erst einmal bei einem zweiten Frühstück und kann gar nicht anders, als den Satz »Hier sieht's ja aus wie im Märchen« auszusprechen. Den ganzen Tag über bricht man immer wieder auf, um eine kürzere oder eine mehrere Stunden lange Schleife zu drehen.

… denn es gibt so viel zu sehen. Vieles davon direkt vom Biergarten aus. Bizarre Felsformationen, mal aus langen Steinplatten, die der Herrgott wie eine Lasagne aufgeschichtet hat, mal so gewagt gestapelt, als hätte er mit dem Teufel Jenga gespielt. Eine Burgruine. Die Quelle der Saale. Dann dieser waghalsige Aufstieg zu einem Pavillon, den man schon zur Zeit des improvisierten Ausschanks auf dem Gipfel aufgestellt hat. Extra für den bayerischen König. Und eine 370 Jahre alte Bärenfalle, groß wie ein Haus – die europaweit einzige, die noch erhalten ist.

Adresse Waldstein 1, 95239 Zell im Fichtelgebirge, Tel. 09257/264, www.waldsteinhaus.de | **Saison/Öffnungszeiten** Gasthaus ganzjährig, Biergarten nach Witterung, Mi–So ab 10 Uhr | **Biere** Mönchshof | **Essen** warme und kalte Küche, Kaffee und Kuchen | **Ausstattung/Besonderheiten** im Juli wird am Biergarten in der Naturkulisse Theater gespielt (www.felsenbuehne-waldstein.de) | **Bei Schlechtwetter** Gastraum | **Tipp** Im nahen Münchberg stellt die Minibrauerei Hopfenhäusle jedes Frühjahr Tische und Bänke in den Garten ihres kleinen Gasthauses.

31 Felsenkeller Senftenberg

Der Ausblick ist hier nicht das einzige Wunder

Man fragt es sich jedes Mal. Schwer um Atem ringend. Auf den letzten Metern. Und verflucht die Idee, sich einen Haufen alter Steine ansehen zu wollen, bloß weil sie dereinst eine Burg waren. Dasselbe Rätsel stellt sich wie automatisch, wenn man das letzte Stückchen Weg und damit den finalen Anstieg zu einem Prachtexemplar von Bierkeller vor sich hat: Warum waren unsere Ahnen des Wahnsinns, warum ließen sie Plätze mit wirklich schlechter Lage nicht einfach unbebaut? Im Fall des weit außer- und oberhalb des 520 Einwohner kleinen Gunzendorf gelegenen Felsenkellers Senftenberg hat man die Antwort klar vor Augen: die Aussicht!

Sie war der Grund, weshalb die lokalen Herren ihre fluchenden Untertanen Steine und Balken auf einen Sporn hinaufschaffen ließen, der am Westrand der Fränkischen Schweiz bis auf 435 Höhenmeter aufsteigt. Der Senftenberg war ideal, um die Gegend zu überwachen, aber selbst nicht gesehen zu werden. Spätestens 1618, als der heilige Georg, Patron der Bergkapelle, des letzten Überbleibsels der Burg, der Bitte der Kranken nachkam und sie durch ein Wunder heilte, dürften geschäftstüchtige Brauer erstmals Fässer, Krüge und Zapfbesteck nach oben geschafft haben. Als hofften sie noch heute auf ein Stück vom Kuchen, lagern alteingesessene Gunzendorfer weiterhin jedes Frühjahr in ihrem privaten Abschnitt der damals angelegten Felsenkeller einen amtlichen Vorrat ein. Aber 1848 ließen sich die frommen Gäste derart gehen, dass bei der obligatorischen Großschlägerei zwei von ihnen ihr Leben ließen. Vorbei war's mit dem Wallfahrtsbetrieb.

Geblieben ist ein Traum von einem Bierkeller mit einem spektakulären Ausblick, der für weniger Sportliche halt leider fast so schwer zu erreichen ist wie für einen Atheisten das Himmelreich. Zwar schloss 2014 Gunzendorfs Brauerei für alle Zeiten, das Bier wird aber nach wie vor im Keller naturgekühlt und direkt vom Fass gezapft.

Adresse Senftenberg 1, 96155 Buttenheim-Gunzendorf, Tel. 09545/70693 | **Saison/Öffnungszeiten** Anfang Mai – Ende Sept. Mo–Fr bei gutem Wetter ab 16.30 Uhr, Sa, So, Feiertage bei jedem Wetter ab 13 Uhr | **Biere** Hönig | **Essen** vielfältige Brotzeiten, traditionelle und gutbürgerliche warme Küche | **Ausstattung/Besonderheiten** Seit 1951 findet wieder jedes Jahr am Sonntag nach Georgi (23. April) eine Pferdewallfahrt statt. | **Bei Schlechtwetter** Gastraum | **Tipp** Wer einen weiten Ausblick zu schätzen weiß, wird auch den Kropfeld-Keller lieben, er liegt an einem Berghang bei Drosendorf.

32__Gasthaus Fischerhütte

Wo der Mensch nicht sesshaft werden wollte

Wer hat nicht schon davon geträumt, wie einst Liselotte Pulver in »Das Wirtshaus im Spessart« – die Älteren erinnern sich – auch mal selbst unter die Spessarträuber zu fallen, in ihr Hauptquartier verschleppt und deshalb daheim von seinem Arbeitgeber über Wochen schmerzlich vermisst zu werden? Das Gasthaus Fischerhütte, ein urig-romantischer, im Nirgendwo versteckter Tempel der Erholung und der bodenständigen Genüsse, bietet Ausflugsgruppen an, einen solchen Überfall zu arrangieren.

Auch wenn sich der über einem tiefen Tal angelegte Außenposten der Zivilisation bequem mit dem Auto anfahren lässt, wird dringend empfohlen, sich ihm zu Fuß zu nähern. Lohn des nicht ganz unstrapaziösen Marsches: ein wahrer Sturzbach an Glückshormonen, denn die Forelle, die man in seinem Biergarten vor sich hingestellt bekommt, wurde eben erst aus dem Wasser gezogen. Der knapp neun Kilometer lange Rundweg führt durch einen Zipfel des Spessarts, in dem der Mensch noch nicht lange sesshaft ist. Ausgangspunkt ist der Dorfplatz des kleinen Habichsthal, das von Glasmachern gegründet wurde, die ihre Hütten nicht mehr wie gewohnt ab- und an einer anderen Stelle neu aufbauen wollten, weil alles greifbare Holz verfeuert war. Von dort geht es zunächst nach Wiesenthal, wo sich ein Verein nach Kräften darum bemüht, eine 400 Jahre alte Mühle funktionsfähig zu halten. Nach etwa drei Viertel des Wegs sind schließlich jene Fischteiche erreicht, in denen heranwächst, was man 150 Höhenmeter über ihnen in diversen Varianten zubereitet.

Das Gasthaus Fischerhütte mag wahrlich nicht so alt sein, dennoch darf man sich gern der Illusion hingeben, man würde vor einer jener temporären Glashütten Platz nehmen, die die Region vom späten Mittelalter bis ins 18. Jahrhundert ernährten. Wie damals ein Knecht nach getaner Arbeit sitzt man vor einem Blockhaus, das jederzeit zerlegt und andernorts neu aufgeschichtet werden könnte.

Adresse Am Ausee, 97833 Frammersbach-Habichsthal, Tel. 06020/1716, www.habichsthal.de | **Saison/Öffnungszeiten** Gasthaus ganzjährig, Biergarten nach Witterung, Mi–So ab 11.30 Uhr, im Nov. nur Sa, So | **Biere** Waldschloss Bräu | **Essen** wechselnde Fischgerichte, kalte und warme Hausmannskost, Kaffee und Kuchen | **Ausstattung/Besonderheiten** regelmäßig Livemusik, Gast-Angelschein für die Teiche, arrangierter Räuberüberfall für Wandergruppen | **Bei Schlechtwetter** Gastraum | **Tipp** Der Biergarten des Braugasthaus Waldschloss Bräu in Frammersbach mag klein sein, ist aber so heimelig, dass er 2018 von den Usern der Webseite »Biergartenfreunde« auf ihre Liste der Lieblinge gewählt wurde.

33 Lieberth Dorfkeller

Wer den Kies hat, dem fehlt das Paradies

Schamlos wird der Franke von der Isarbagage betrogen und bestohlen. Sie macht die ganze Welt glauben, dass der Biergarten für ihre Stadt typisch ist. Weil die Wahrheit siegen muss, sollte ein Besuch des Dorfkellers der Familienbrauerei Lieberth in Hallerndorf bei Forchheim für jeden Münchner zur Pflicht werden. Denn dieses uralte Paradies lässt keinen Zweifel, wo das Copyright liegt.

Schlau, wie der Franke nun einmal ist, weiß er schon seit dem Mittelalter, dass das Felsgestein zu seinen Füßen wie dafür gemacht ist, sich mit Hammer und Meißel einen begehbaren Kühlschrank hineinzuhauen. Ob Sommer oder Winter, dort unten herrschen acht Grad. Das ist genau die Temperatur, die untergäriges Bier braucht, um zu vergären, zu reifen und zu lagern – und bei der es am besten schmeckt. Wie es historisch weiterging, lässt sich an einer Kuriosität des Lieberth Dorfkellers ablesen. Wer ihn betreten will, steht zuerst vor dem Ausschankhaus. Erst dahinter folgt der Eingang. Die Gäste, die sich ein erstes, zweites, drittes Seidla holen, stehen also draußen auf der Straße an. Ursprünglich ging man nur auf den Keller, um sich dort eine mitgebrachte Kanne füllen zu lassen. Getrunken wurde zu Hause. Weil man, während man anstand, ins Reden kam und die Leute einfach blieben, stellte der Bräu ein paar Tische auf. Worauf es üblich wurde, sich sein Abendessen auf den Keller mitzunehmen. Heute stellt man sich im Lieberth Dorfkeller vor ein sperrangelweit geöffnetes Fenster, sagt Haxe, Presssack oder Ziebeleskäs – und bekommt die Speise herausgereicht. Man sitzt, wie es sich gehört, nicht unter Kastanien, sondern unter Linden. Die Franken sind nicht so dumm wie die Münchner, die für ihre Biergartenimitate einen Baum gewählt haben, der sie mit kleinen stacheligen Bomben malträtiert.

In Südbayerns Untergrund liegt Kies. Deshalb wurde es dort erst Ende des 18. Jahrhunderts möglich, Bierkeller zu bauen. Kastanien sind Flachwurzler. Geeignete Schattenspender hätten Münchens gemauerte Keller zerstört.

Adresse Kreuzbergstraße 17, 91352 Hallerndorf, Tel. 09545/4437373 | **Saison/Öffnungszeiten** circa Mitte April – Ende Sept. Mo – Fr ab 15.30 Uhr, Sa ab 15 Uhr, So, Feiertage ab 10 Uhr | **Biere** eigene Brauerei | **Essen** mehr als üppige Auswahl fränkischer Gerichte (zum Beispiel Haxe, Schäufele, Braten) und Brotzeiten, exzellente bodenständig-einfache Küche | **Ausstattung/Besonderheiten** traditionelle, fest installierte einfache Tische mit Sitzbänken, großer Spielplatz | **Bei Schlechtwetter** kleiner überdachter Bereich | **Tipp** Wie die meisten fränkischen Brauereien nutzte Lieberth einst mehrere Felsenkeller, um für den Sommer Bier einzulagern. Ein zweiter auf dem nahen Kreuzberg wurde ebenfalls zum Biergarten umfunktioniert.

34__Kathi Bräu

Der Laufsteg der Bikerszene

Es wundert ein wenig, dass eine der vielen guten Ideen, die sich dieser dorfgroße Kultbiergarten für seine Gäste hat einfallen lassen, nicht frankenweit Schule gemacht hat. Das Freiluftwohnzimmer der nach der 1993 verstorbenen, charismatischen Wirtin Katharina Meyer benannten Kathi Bräu erstreckt sich fast über den halben Heckenhof, ein ehemaliges Rittergut der Adelsfamilie der von Stauffenberg, deren berühmtester Spross Claus leider scheiterte, als er 1944 Adolf Hitler mit einer Bombe ausschalten wollte, um das Leben von Millionen in den Schlachthof des Zweiten Weltkriegs hineingetriebener Soldaten und Zivilisten zu retten. Sofern man den Parkplatz dazuzählt, über den sich an den Wochenenden eine Flut von Motorrädern ergießt. Schon früh um zehn, zur besten Frühschoppen-Zeit, watet, wer auf der in den Weiten der hier nur dünn besiedelten Fränkischen Schweiz gut versteckten Insel der Geselligkeit anlanden will, durch ein Meer von auf Hochglanz polierten Hondas, Kawasakis und Harley-Davidsons.

Bevor sich Katharina Meyer 1934 offiziell Brauerin nennen durfte, war das Dorf Heckenhof ein kleines Nest am Rand der bewohnten Welt. Heute ist es nicht weniger als Nordbayerns Biker-Mekka. Das liegt nicht allein am Faible der Wirtin und ihrer Erben für schnelle Flitzer. Die Würgauer Wand, eine Todesstrecke, die in engen Serpentinen auf die Fränkische Schweiz hinaufführt, mag mittlerweile an den Sams- und Sonntagen für Motorradfahrer gesperrt sein. Nicht aber die anderen Mutproben, die schmalen, kurvenreichen Landsträßchen und der steile Heckenhofer Berg.

Nur ein Bierchen, sagt der Gesetzgeber, darf sich ein Biker gönnen. Aus gutem Grund. Außer bei der Kathi Bräu. Dort sind es zwei. Sofern man sich für die Sommerversion des dunklen, angenehm malzigen und gut gehopften Haustrunks entscheidet. Mit nur 2,9 Prozent ist er geradezu alkoholfrei. Zumindest für fränkische Verhältnisse.

Adresse Heckenhof 1, 91347 Aufseß-Heckenhof, Tel. 09198/277 | **Saison/Öffnungszeiten** Gasthaus ganzjährig, Biergarten nach Witterung, Mo–Fr ab 11 Uhr, Sa, So ab 9 Uhr | **Biere** eigene Brauerei | **Essen** traditionelle kalte und warme Küche, Schaschlik und Co., Kaffee und Kuchen | **Ausstattung/Besonderheiten** Motorradhelm-Pflegestationen | **Bei Schlechtwetter** großer überdachter Freisitz, Gasthaus | **Tipp** Das Dorf Würgau liegt, der Name sagt es, am Fuß der spektakulären Würgauer Wand. Zwar hat die dortige Brauerei Hartmann ihr Sudhaus stillgelegt, der Biergarten aber ist weiterhin geöffnet.

35 Kastaniengarten

Von der Ökumene der Bratwürste

Dieses Dorf kennt jeder. Alle fühlen sich peinlich berührt, wenn sein lang gezogenes, schmales Häusermäander zur Sprache kommt, das sich kurz hinter Bayreuth den roten Main entlangzieht. So böse kann ich fluchen? Heinersreuth ist jenes Nadelöhr an der B85, auf das, sobald ein Durstiger ins Wirtshaus hinunterwill, eine Schimpfkanonade abgefeuert wird. Denn dazu muss er eine Ampel drücken, die die Blechkarawane aufstaut.

Obwohl der Kastaniengarten, der Freiluftgastraum des gleichnamigen Gasthauses, direkt an der B85 liegt, herrscht dort eine selige Ruhe. Unglaublich, was eine Hecke schlucken kann, wenn sie auch in die Breite wachsen darf. Wie es der Name des Restaurants verspricht, das für seine Stilsicherheit bei der Fusion fränkischer Genüsse mit guten Ideen aus aller Welt bekannt ist, sitzt man in einem kleinen Hain aus alten, knorrigen Kastanien.

Wenn nicht gerade eh die Sonne lacht und im Kalender Freitag steht, lohnt es sich, telefonisch nachzufragen, ob der Holzkohlegrill in Betrieb genommen wird. Das Highlight des Kastaniengartens befindet sich in einer extra Hütte, aus der es himmlisch nach Makrele duftet. Aber auch zwei Sorten Bratwurst dürfen auf den Rost, die als feine und als grobe bezeichnet werden. Traditionalisten sprechen bei der ersten, mittlerweile selten gewordenen von einer »katholischen«. Weil sie aus den katholischen Regionen stammt, in denen es als gottgefällig galt, dass man dem Essen die Mühsal ansah (und sie auch schmeckte), die man für seine Zubereitung auf sich nahm. Sie ist fein gecuttert, wird mit teurem Muskat verfeinert. Je nach Stadt und Region variiert die Gewürzmischung. Wurstrezept = Identität. Die evangelische hingegen: ein dahingeschludertes Etwas. Das Fleisch nur grob gehackt, mit günstigem Majoran versetzt und in Därme gestopft, bei denen man sich sogar das Entfernen der Fettsehne erspart hat. Ein Sinnbild puritanischer Genussverweigerung. Seltsam, dass fast allen die grobe besser schmeckt.

Adresse Cottenbacher Straße 1, 95500 Heinersreuth, Tel. 0921/480886, www.kastaniengarten.com | Saison/Öffnungszeiten nach Witterung, circa Mitte April–Okt. Mi–Fr 17.30–21.30 Uhr, Sa, So 11–14 Uhr und 17.30–21.30 Uhr | Biere Bayreuther Aktienbrauerei, Maisel | Essen gehobene warme Küche, fränkische Brotzeiten, Freitag Fisch und Fleisch vom Grill | Ausstattung/Besonderheiten Spielplatz | Bei Schlechtwetter Gaststube | Tipp Fährt man auf der B85 Richtung Kulmbach, ist man schnell in Altenplos. Dort begeistert der Biergarten des Landgasthofs Moreth.

36 Waldschänke am Streitbaum

Dieser Weg soll kein leichter sein

Dass es manche Biergärten mit ihrem Standort übertreiben und sich an Plätzen verstecken, die selbst mit Karte und Kompass schwer zu finden sind, ist in Franken nichts, worüber man sich wundert. Wie die Waldschänke am Streitbaum beweist, finden ja die Durstigen selbst dann den Weg, wenn der Zapfhahn und die Zivilisation so abenteuerlich weit voneinander entfernt sind wie die Azoren vom portugiesischen Mutterland. Zumindest einige. Es heißt, dass an diesem Eiland der Gastlichkeit etliche gescheitert sind.

Die Schwierigkeiten beginnen mit dem Örtchen Hetzles. Der südwestliche Außenposten der Fränkischen Schweiz ist nur über eine schlecht ausgeschilderte Straße an die Außenwelt angebunden. Zweitens ist das Fachwerkdorf eine Augenweide. Vor fast jedem Haus segnet ein mit Blumen frisch dekoriertes Marien- oder Jesusbildnis die Gläubigen. Groß ist die Verlockung, sich lieber hier, im bildhübschen Biergarten des Gasthauses Schwarzer Adler, niederzulassen. Denn am Dorfausgang wird der Weg schikanös. Die Straße zieht sich eine Steigung hinauf, die so steil ist, dass schon so mancher routinierte Mountainbiker abbrechen musste.

Der Lohn fürs Durchhalten wäre ein aufs Herrlichste antiquierter Naturbiergarten gewesen – nicht auf rustikal gemacht, sondern vom Lauf der Zeit meisterhaft mit Patina eingedeckt. 1950 hat ihn der Großvater des jetzigen Wirts eröffnet, baulich groß eingegriffen wurde zuletzt 1970, als man ein Holz- durch ein gemauertes Gasthaus ersetzte. Findet sich nicht bald ein Nachfolger, wird auch der schon am Vormittag gut gefüllte Stammtisch bald Geschichte sein.

Der Name »am Streitbaum« bezieht sich auf eine 300 Jahre alte Kiefer oberhalb des Zugangs, die leider arg gestutzt werden musste. Es heißt, dass früher in ihrem Schatten Gericht gehalten wurde. Oft. Weil sich der Hetzleser einst mit jedem stritt.

Adresse Hetzleser Berg, 91077 Hetzles, Tel. 09134/1245, www.waldschaenke-weber.de | **Saison/Öffnungszeiten** ganzjährig, Biergarten nach Witterung, nur So, Feiertage ab 10 Uhr | **Biere** diverse regionale Brauereien | **Essen** warme und kalte Küche, Kaffee und Kuchen | **Ausstattung/Besonderheiten** Spielplatz (etwas in die Jahre gekommen) | **Bei Schlechtwetter** Freisitz, Gastraum | **Tipp** Im nahen Dorf Adlitz genießt man im Biergarten des Traditionsrestaurants Zur Ludwigshöhe nebst vielfältigen Wildgerichten auch einen großartigen Ausblick über die südlichen Ausläufer der Fränkischen Schweiz.

37 Erlebnis- und Archehof Auhof

Einkehren für eine bessere Welt

»Damit dieses Land freundlicher wird«, forderte der Wahlmünchner Björn Stephan 2019 in der Wochenzeitung »Die Zeit«, »braucht es mehr Biergärten.« Denn dann müsste niemand »von der Zersplitterung der Gesellschaft reden. Alle Standes- und Bildungsunterschiede würden weniger wichtig, Beruf und Einkommen, Herkunft und Hautfarbe wären bedeutungslos«. Wahre Worte!

Was der Journalist nicht wusste: Die von ihm herbeigesehnte Initiative, von der er sich nichts weniger als die »Rettung der Demokratie« verspricht, wird zwar nicht im von ihm geforderten Umfang, aber immerhin als Langzeitversuch bereits umgesetzt. Allerdings nicht dort, wo ein selbstverliebter Münchner die Quelle aller guten Dingen verortet: an der Isar.

Erlebnis- und Archehof nennt der Sozialträger Rummelsberger Dienste sein Realität gewordenes Utopia, in dem für jeden Mensch und jedes Tier genau der Platz frei gehalten wird, der seinen ihm von Natur aus gegebenen Bedürfnissen entspricht. Das beginnt bei den Gästen: Besonders gern gesehen sind Familien, die den Kindern vermitteln wollen, dass ein Schnitzel nicht in die Welt kommt, indem man den Kühlschrank öffnet, und dass Pferde nicht wie Autos auf Knopfdruck anspringen. Ebenso wichtig: Hier wird die Integration von Menschen mit Behinderung großgeschrieben, die in Service und Küche arbeiten. Nachdem man sich gestärkt hat, ist es Zeit, das Areal zu erkunden. Wie an einem Dorfplatz warten um den Biergarten herum offene Scheunentore darauf, dass jemand nach den Tieren sieht. Auf dem Auhof bekommen alte, ertragsarme Rassen eine Zukunft und ausgemusterte Klepper ihr Gnadenbrot. Beim Ausmisten, Füttern und anderen Strapazen mitzuhelfen ist – nach Absprache! – ausdrücklich erwünscht. Ebenso, dass sich die Kinder auf dem riesigen Spielplatz lautstark und komplett verausgaben.

Adresse Zum Bauernhof 3, 91161 Hilpoltstein, Tel. 09174/99263, www.erlebnisbauernhof.rummelsberger-diakonie.de | **Saison/Öffnungszeiten** Ostern – Okt. Di – So, Feiertage und Ferien 9 – 17 Uhr | **Biere** Pyraser | **Essen** kalte und warme Küche, Kaffee und Kuchen | **Ausstattung/Besonderheiten** viele Tiere, teils frei laufend, riesiger Spielplatz, Fußballwiese | **Bei Schlechtwetter** Scheunen | **Tipp** Tiere zuhauf wollen auch auf dem Lindenhof in Hammerbach bei Herzogenaurach gefüttert werden.

38 Meinels Bas

Herzallerliebst, diese Stadtromantik

Ein Bauerngarten mitten in der Stadt. So groß, dass, würde man ihn mit Gemüse bepflanzen, die Ernte eine Großfamilie durch den Winter brächte. Aber seine Besitzer wollen lieber ihren Freunden und Bekannten Freude bereiten. Sie stellen Tische, Stühle, ein dickes Fass Bier und einen Grill auf. Den ganzen Sommer über kann jeder herein, wann immer er will. Ist das nicht eine schöne Geschichte? Sie ist frei erfunden. Aber sie macht die heimelig entspannte, familiäre Atmosphäre eines Stadtbiergartens greifbar, der entscheidend dazu beiträgt, dass sich das nördliche Schlusslicht Oberfrankens, das von einem schlechten Image gezeichnete Hof, bei genauerem Hinsehen doch als lebens- und liebenswert entpuppt. Aus diesem Musterexemplar eines Stadtbiergartens zumindest will man, einmal dort gestrandet, nie wieder weg.

Mögen Ortskundige den etwas versteckt an einem beliebten Spazierweg gelegenen Hintereingang bevorzugen, dramaturgisch korrekt ist der Zutritt von der Straße her. Das Stammhaus der letzten Hofer Privatbrauerei, der Meinel Bräu, liegt in einem Ausläufer der Altstadt, den der verheerende Stadtbrand von 1823 verschont hat. Hier gibt sich das von einem schnellen Wiederaufbau geprägte, optisch wenig abwechslungsreiche Hof überraschend romantisch. Zumal nur ein paar Schritte weiter die Saale vorbeifließt. Ein alter Torbogen lädt ein, die Hektik der Straße hinter sich zu lassen. Als wäre er ein Durchschlupf in eine glücklichere Welt. Dort sitzen Arbeiter, dort wird auf einen Geschäftsabschluss angestoßen, dort lassen sich vegane Öko-Studenten zu einem Wurstsalat hinreißen. Viele Bäume. Viel Schatten. Viel Platz. Rasen unter den Füßen. Alle sind gekommen und holen sich noch ein drittes Seidla.

Der eigenwillige Name »Meinels Bas« ist eine Verneigung vor Kunigunda Barbara Herath, die 1861 in die Brauerfamilie einheiratete. Sie soll sich so rührend um ihre Gäste gekümmert haben, dass ein jeder sie mindestens so innig verehrte wie seine Base, seine herzallerliebste Cousine.

Adresse Vorstadt 13, 95028 Hof, Tel. 09281/141366, www.meinels-bas.eu | **Saison/ Öffnungszeiten** Gasthaus ganzjährig, Biergarten nach Witterung, Mo–Fr ab 11 Uhr, Sa, So ab 9 Uhr | **Biere** eigene Brauerei | **Essen** traditionelle und gutbürgerliche warme und kalte Küche, wechselnde Tagesgerichte | **Ausstattung/Besonderheiten** Spielplatz, häufig Livemusik, separater Restaurantbereich mit Bedienung | **Bei Schlechtwetter** Gastraum | **Tipp** An heißen Tagen kühlen sich die Hofer mit einem Sprung in den Untreusee ab. Dort lässt sich auch aufs Herrlichste trinken und speisen – im riesigen Biergarten der Grüner's Sommergaststätte Untreusee.

39 Friedrich-Wilhelm-Stollen

Das letzte Schnitzel vor dem Berg

Damit der Teufel Angst verbreiten kann, braucht er Treppenhäuser ins Reich der Menschen. Das wohl berühmteste liegt im Schwarzwald. Aber auch die Franken haben – ganz oben an der Grenze zu Thüringen – ihr Höllental. Unterhalb von Lichtenberg hat es das Flüsschen Selbitz tief in die Landschaft eingeschnitten. Im Schwarzwälder Pendant, so die Sage, holte sich der Beelzebub einst Abend für Abend junge Männer, die bis zum Morgengrauen für ihn Gold schürfen mussten. Wohingegen die schlauen Franken schnell heraushatten, dass man nur drei Mal ein Kreuz machen muss, damit sich der Mistkerl ins Reich der Finsternis verdrückt.

Schlau war auch, dass der preußische König Friedrich Wilhelm II. den noch jungen Alexander von Humboldt 1792 mit dem Auftrag nach Oberfranken abkommandierte, die Bergwerke des Höllentals auf Vordermann zu bringen. Potsdams Herrschaft über die Region währte nur kurz. Über Humboldts wichtigste Maßnahme aber dürften sich die Menschen noch heute freuen. Im Sommer. Am Sonntag. Dann nämlich kann man den Friedrich-Wilhelm-Stollen 200 Meter weit begehen – und sich hernach direkt vor dessen Eingang, im Biergarten des ehemaligen Zechenhauses, auf ein Schnitzel (die Größe ist legendär!) niederlassen. Oder auf einen – sofort zu erkennen: mit Liebe! – selbst gebackenen Kuchen. Die Erdbeertörtchen: ein Gedicht!

Seit Juni 2019 steht fest, dass das Höllental bald um zwei Attraktionen reicher sein wird. Die mit 1.300 Metern längste sowie die zweitlängste Hängebrücke der Welt, beide sollen Massen an Besuchern locken, um der Region touristisch auf die Beine zu helfen. Als wäre die tiefe Schlucht mit ihren zig Rad- und Wanderwegen nicht spektakulär genug. Da wird einem bange um das aus der Zeit gefallene Gasthaus, seinen Retrocharme und den so erholsamen bodenständigen Biergarten. Zum Teufel mit dem Schneller-Höher-Weiter!

Adresse Friedrich-Wilhelm-Stollen 1, 95192 Lichtenberg (direkt an der Straße durchs Höllental), Tel. 09288/216, www.friedrich-wilhelm-stollen.de | Saison/Öffnungszeiten Gasthaus: Mitte Jan.–Mitte Nov., Biergarten: ab April nach Witterung, Fr, Sa, So, Mo ab 8.30 Uhr; Führungen durch den Friedrich-Wilhelm-Stollen Sa, So, in den Schulferien auch Di 11, 13 und 15 Uhr | Biere diverse regionale Brauereien | Essen bodenständige warme Küche und Brotzeiten, Kaffee und Kuchen | Ausstattung/Besonderheiten Spielplatz mit Bobbycar-/Tretauto-Berg | Bei Schlechtwetter Gastraum | Tipp In Culmitz, einem Dorf zwischen Naila und Schwarzenbach am Wald, sitzt, speist und trinkt es sich im Biergarten des Landgasthofs Zur Mühle besonders gut.

40 Brauerei Grasser

Ende gut und alle glücklich

Wäre vor 100 Jahren ein Wanderer, der sich in der damals noch alles andere als gut ausgeschilderten Fränkischen Schweiz verirrte, im weit abgelegenen Huppendorf gestrandet … und hätte er dem dortigen Gasthaus eine steile Karriere prophezeit, weil ihm, ausgehungert wie er war, auch die fadeste Speise paradiesisch gut geschmeckt hätte. Dann hätte man ihn vor die Tür gesetzt! Weil es nicht nett ist, über die zu scherzen, die ins Unglück hineingeboren wurden! Nichts deutete damals darauf hin, dass sich der Hof der Familie Grasser zur allerersten Adresse mausern würde, die dem erfahrenen Wirtshausgänger in den Sinn kommt, wenn er um eine Empfehlung gebeten wird.

Pankraz Grasser, der Gründer der Dynastie, heiratete 1742 nach Huppendorf ein. Jeder andere hätte sich gesagt: Das Nest ist viel zu klein, der Durst der damals wie heute um die 140 Einwohner mag enorm sein, aber er kann keine Familie ernähren. Der Lagerkeller, den sein Nachfahre Jakob 1899 mit einfachen Werkzeugen in das Huppendorfer Felsgestein schlug, erwies sich als unbrauchbar, da er sich im Sommer aufheizte. Das gebraucht gekaufte Sudwerk, mit dem die Grassers ein Schnäppchen gemacht zu haben glaubten, war auf Kapazitäten ausgelegt, die der Ort sogar dann nie und nimmer vertragen hätte, wenn alle 140 ausgebildete Berufsalkoholiker gewesen wären.

Und heute? Sollte man darauf gefasst sein, sein Bier im Stehen trinken zu müssen, denn die Grassers können gar nicht so viele Tische ins Freie hinaustragen, wie Gäste gern einen Sitzplatz hätten. Es lohnt, etwas Wartezeit in Kauf zu nehmen. Tipp: Wenn das butterzarte Schäufele im Magen verschwunden ist, bei der Bedienung über ein arges Gefühl der Völle klagen und sich nicht mit nur einem der aus eigenen Früchten selbst gebrannten Obstler zufriedengeben. Die Grassers produzieren auch ihren eigenen Whisky – in so kleinen Mengen, dass er nicht auf der Karte steht.

Adresse Huppendorf 25, 96167 Königsfeld-Huppendorf, Tel. 09207/270, www.huppendorfer-bier.de | **Saison/Öffnungszeiten** Gasthaus ganzjährig, Biergarten nach Witterung, Mi–So ab 9 Uhr | **Biere** eigene Brauerei | **Essen** traditionelle kalte und warme fränkische Küche | **Ausstattung/Besonderheiten** Fleisch aus eigener Landwirtschaft und Schlachtung, selbst gebrannte Schnäpse | **Bei Schlechtwetter** Gasthaus | **Tipp** Im nahen Steinfeld lädt die Brauerei Hübner ein, in ihrem Biergarten ein weiteres typisch fränkisches Landbier zu verkosten.

41__Gasthaus Dürrbeck Jungenhöfer Gartenkeller

Wie das Schwein auf den Keller-Teller kam

Presssack. Leberwurst. Göttinger. Schinken. Okay, bei den fleischlichen Genüssen ist die Auswahl, die die traditionellen Bierkeller auf ihren Brotzeittafeln auflisten, nahezu identisch. Woher kommt's? Und wie gelang es einer Konserve, dem sogenannten Dosenfleisch, sich dort einen Stammplatz zu sichern?

Für eine Antwort reisen wir in etwa so weit in die Vergangenheit zurück, wie das Dorf Jungenhofen von Höchstadt an der Aisch entfernt ist, dem es 1525 zugeschlagen wurde. Ein ordentliches Stück. Denn Jungenhofens Gasthaus Dürrbeck genießt den Ruf, dass man dort noch schmeckt, welchen Wert die Dreieinigkeit aus Wirt, Metzger und Viehmäster hatte. Fast alle Gäste lassen sich nach dem Nachtisch noch ein paar Gläser selbst gemachte Wurst aushändigen.

Es gibt keine Jahreszahl, bis wann der fränkische Bauer komplett von seinen eigenen Erzeugnissen lebte. Je nach Dorf und Region sah er sich im Lauf des 18. und 19. Jahrhunderts gezwungen, sich auf nur wenige Tätigkeiten zu konzentrieren. Die meisten der noch heute bestehenden Traditionsgasthäuser entschieden sich für BBL: Bewirten, Brauen und die Landwirtschaft. Jungenhofens damals wie heute einziger Wirt hingegen für BML, wobei das M für Metzger steht.

Jetzt muss man drei Dinge wissen: 1) Dass der BBL, wenn er eines seiner Schweine schlachten wollte, den BML wegen dessen M engagieren musste. 2) Dass bei einer Hausschlachtung das Fleisch nicht vollständig auskühlen und der M deshalb gar nichts anderes als Presssack und Co. wursten kann. 3) Dass nur in der kalten Jahreshälfte geschlachtet werden konnte und man sich nur bei Schinken und Konserven sicher war: Das hält bis zum Ende des Sommers. Und die Göttinger? Ist nichts anderes als die feine Variante des im Raum Bamberg nach wie vor verbreiteten fett- und geleerandigen Hausschlachtungs-Frühstücksfleischs.

Adresse Jungenhofen 6, 91315 Höchstadt a. d. Aisch, Tel. 09502/307, www.jungenhofen.de | **Saison/Öffnungszeiten** Gasthaus ganzjährig, Biergarten nach Witterung, Mi–Do ab 17 Uhr, Fr–So 11.30–15 Uhr und ab 16.30 Uhr | **Biere** Hummel | **Essen** kalte und warme traditionell-bodenständige Gerichte mit eigenem Schweine- und Rindfleisch, in den Monaten mit r im Namen auch Karpfen aus eigener Zucht | **Ausstattung/Besonderheiten** kleiner Spielplatz, Wurst im Glas aus eigener Herstellung zum Mitnehmen | **Bei Schlechtwetter** Gaststube | **Tipp** Der Häschaadä Keller in Hirschaid geht mit seinen traditionellen Brotzeiten neue Wege. Dort kann man sich die Bestandteile seines Tellers selbst zusammenstellen.

42 Felsenkeller Kalchreuth

Dieses Paradies hat der Teufel gemacht

Wenn uns im August die Hundstage vorgaukeln, dass Franken in den Tropen liegt, trennt sich die Spreu vom Weizen. Schließt man sich jetzt einer Sonntagsausflugsgruppe an, wird deren einer Teil auf jeden Fall im Schatten sitzen wollen. Während es die anderen danach verlangt, wie ein Fleischküchla von der Sonne gebraten zu werden: von beiden Seiten.

Der Ort, der alle glücklich machen wird, duckt sich rund einen Kilometer westlich des Dorfs Kalchreuth ins Ackerland. Erkennungszeichen: eine gelbe Fahne, die an der Überland-Verlängerung der Fürther Straße einen Feldweg markiert. An dessen Ende: einfache, auf einer Wiese fest installierte Tische und Bänke. Dahinter Bäume. Sie verbergen eine 20 Meter tief eingeschnittene Schlucht, die Teufelsbadstube, die an einem ihrer Abhänge terrassiert und mit Tischen und Bänken bestückt ist. Auf ihrem Grund: eine um etliche Grad kühlere Temperatur. Ein gelbes Haus, der Zugang zu einem System aus unterirdischen Gängen. Ein zweites Haus mit Bierausschank, Wurst- und Kuchentheke. Bizarre Felsformationen. Und ein Bach, der Teufelsgraben, dessen Wasser man einst den Winter über an einem Galgen, einem krakenartigen Gestell, bequem in Eis umwandeln konnte, das man mit den Bierfässern im Erdinneren einlagerte.

Der Felsenkeller von Kalchreuth ist nichts weniger als das Ideal eines typisch fränkischen Freilandwirtshauses. Idyllisch, romantisch, bodenständig, ja archaisch. Nach heutigen ökonomischen Maßstäben eine Katastrophe! Nur sitzen, staunen, karteln, essen und trinken. Stundenlang. Als Teil eines frei zugänglichen Geotops ist er zur Stille verpflichtet. Wann genau die 80 Meter langen Gänge in den Fels geschlagen wurden, ist nicht überliefert. Die heutigen Besitzer, die Familie Sußner, nennen 1865. Die Kalchreuther Brauerei, die sie für ihren Sommervorrat nutzte, erlosch bereits in den 1890ern. Gäste werden am Teufelsgraben erst seit den 1960ern bewirtet.

Adresse Fürther Straße (außerhalb des Orts), 90562 Kalchreuth, Tel. 0911/5180868, www.landgasthof-sussner-kalchreuth.de | **Saison/Öffnungszeiten** ganzjährig, im Winter als Hütte mit Kachelofen, So, Feiertage ab 13 Uhr, im Sommer (circa Mitte April–circa Ende Okt.) Mi–Sa ab 13 Uhr, So, Feiertage ab 12 Uhr | **Biere** Glossner | **Essen** warmer Imbiss, kalte Brotzeiten, Kuchen | **Ausstattung/Besonderheiten** eigene Metzgerei, Brotzeiten werden individuell aus einer Wursttheke zusammengestellt | **Bei Schlechtwetter** kleine Hütte | **Tipp** Mit Kindern kann es bei unsicherem Wetter Sinn machen, das frisch modernisierte Gasthaus Reif im Kalchreuther Stadtteil Käswasser vorzuziehen. Es bietet einen eigenen kleinen Zoo und viele überdachte Plätze.

43__Gaststätte Sußner

Alle unter einem Baum

Am dritten Tag der Schöpfung begrünte Gott jenes Land, das er für seine lieben Franken reserviert wissen wollte. Am fünften erlaubte er ihnen, hemmungslos alle Pflanzen zu zertrampeln, zu verfüttern oder zu Brennholz zu zersägen. Mit einer Ausnahme: Die Linde sollte ihnen heilig sein. Keiner legte Hand an, bis in den 1960ern auch auf den Dörfern die Bagger Einzug hielten, um uralte Häuser und Höfe, das ganze Glumb, den Versprechungen des Wirtschaftswunders zu opfern.

Wie die Familie Sußner betont, war im Fall ihres mindestens 460 Jahre alten, im 18. Jahrhundert letztmals runderneuerten Gasthauses rein baulich nichts mehr zu retten gewesen. Die jetzige Wirtschaft wurde 1966 hochgemauert. Ihrer quadratisch-praktischen Wir-sind-wieder-wer-Fassade kann nur ein ästhetischer Außenseiter etwas abgewinnen. Für alle anderen öffnet sich das Paradies erst, wenn sie in den Hinterhof hinaustreten. Wie automatisch wandern die Augen dann nach oben. In ein Prachtexemplar von Baumkrone. Man hat sie stehen lassen! Die Linde, die vor gut 220 Jahren gepflanzt worden war und die so mächtig ist, dass ihr Blattwerk genügt, um allen Gästen Schatten zu spenden. Ein nur noch seltenes Glück!

Das hübsche Kalchreuth wird dank seiner Lage nur 15 Kilometer nördlich von Nürnberg und zwölf Kilometer östlich von Erlangen am Wochenende von Ausflüglern regelrecht gestürmt. Das erklärt, weshalb dort etliche Traditionslokale dem Wirtshaussterben trotzen. Beim Sußner wird noch selbst gemetzgert. Gleich nebenan gibt's die eigene Wurst. Ein Schlaraffenland für Liebhaber traditioneller Braten mit Kloß und Soß, Wildschwein, Reh oder übergroßer Koteletts mit Kartoffelsalat. Wer keine Geduld mehr hat: Die Chance ist groß, dort schon ab dem zweiten Augustwochenende einen Karpfen aufgetischt zu bekommen. Je nachdem, wann genau »Kerwa« ist. Mit ihr eröffnet Kalchreuth die Saison, wird – verfrüht – erstmals abgefischt.

Adresse Erlanger Straße 1, 90562 Kalchreuth, Tel. 0911/5180868, www.landgasthof-sussner-kalchreuth.de | **Saison/Öffnungszeiten** ganzjährig, Biergarten nach Witterung, Di–Do und Sa, So, Feiertage ab 11 Uhr | **Biere** Glossner | **Essen** traditionelle fränkische Küche | **Ausstattung/Besonderheiten** eigene Metzgerei mit Ladengeschäft (Di–Fr 8–18 Uhr, Sa 7–12.30 Uhr) | **Bei Schlechtwetter** Gaststube | **Tipp** Nicht minder idyllisch ist der Biergarten des etwas edleren Kalchreuther Wirtshauses Zum Roten Ochsen.

44 Forsthaus Karlshöhe

So weit die Füße tragen

Vor das Erfolgserlebnis, sich eine Brotzeit bestellen zu können, haben die Götter in diesem Fall den Schweiß gesetzt. Das tief im dichten Wald des Spessarts versteckte Forsthaus Karlshöhe ist dafür berüchtigt, dass der Besuch leicht zur Strapaze werden kann, wenn man nicht drei Dinge mitbringt: festes Schuhwerk, eine gute Kondition und ein paar Stunden Zeit – oder besser gleich einen halben Tag. Denn egal, ob man die 1818 auf einem Bergplateau errichtete Einkehr von Osten oder von Süden aus erwandert, es zieht sich, bis man, dem Herrgott etliche Höhenmeter näher, endlich zwischen Wildgulaschsuppe und selbst gebackenem Kuchen wählen darf. Soll es ja auch! Wir sind in einem gut 30 Quadratkilometer großen Wildpark unterwegs, der für den Verkehr gesperrt ist. Nur Radfahrer und Reiter sind ebenfalls willkommen.

1803 wurden Dominik Constantin Fürst zu Löwenstein-Wertheim-Rochefort die Ländereien des Klosters Neustadt am Main überschrieben. Als Entschädigung für seine linksrheinischen, jetzt französischen Gebiete. 1817 ließ er den ehemaligen Klosterwald einzäunen und dann an einem Platz mit einem besonders schönen Ausblick, der Karlshöhe, ein Jagdschloss und das Forsthaus errichten. Ob während des Baus ein Schatz gefunden wurde, den eine Nonne dort vergraben hatte, ist nicht überliefert. Die fromme Frau soll nach wie vor als Gespenst erscheinen und nach dem Rechten sehen.

Für ein erstes Kennenlernen empfiehlt sich eine Annäherung von Süden her. Man fährt von Marktheidenfeld Richtung Esselbach, um dann von der Umgehungsstraße nach Steinmark abzubiegen. Dort am Ortseingang links halten, in den Schleifweg einbiegen. Er führt zu jenem Parkplatz, der der Schänke am nächsten liegt. Hat man das Gatter hinter sich geschlossen, muss man sich entscheiden. Der Wegweiser, der nach links zeigt, führt über einen steilen, anspruchsvollen, weitgehend naturbelassenen Pfad direkt zum Ziel. Der optisch identische zweite, der nach rechts zeigt, rät, die Sache gemütlich anzugehen.

Adresse 97839 Esselbach, Tel. 09394/9946565, www.karlshoehe-im-spessart.de | **Saison/Öffnungszeiten** ganzjährig, Mi–So 11–18 Uhr; Mo, Di, Fr Ruhetag | **Biere** Martinsbräu, Mönchshof, Erdinger | **Essen** kleine warme Speisen, Brotzeiten, Kaffee und Kuchen | **Ausstattung/Besonderheiten** Spielplatz | **Bei Schlechtwetter** überdachter Freisitz, Gastraum | **Tipp** Im Fürstlich Löwenstein'schen Park gibt es noch ein zweites Wirtshaus mit Biergarten, das Forsthaus Sylvan (bei Bischbrunn). Es ist ebenfalls nur zu Fuß oder mit dem Fahrrad erreichbar.

45 Wagner Bräu Keller

Bier auf Wein, das rat ich dir

Historiker orientieren sich bei ihrer Suche nach den Ursprüngen des typisch fränkischen, heute wie damals gern auch mal in rauen Mengen genossenen Durst- und Sorgenlöschers an der Entstehungszeit der Felsenkeller. Denn bis zur Erfindung der Kühlmaschine in den 1870er Jahren waren sie die einzigen Orte, an denen konstant jene Temperaturen herrschten, die untergärige Hefen benötigen und ohne die es die traditionellen Sorten Lager, Märzen, Dunkles, Fest- und Kellerbier folglich nicht geben würde. Als Geburtsorte der untergärigen Biere werden Schwandorf und Nabburg in der Oberpfalz betrachtet. Nürnberg übernahm den lange haltbaren Trunk als Erstes. Lauf a. d. Pegnitz bekam 1617 seine ersten Keller, 1648 folgte Hilpoltstein, 1691 Forchheim und 1698 Höchstadt a. d. Aisch, das mit einst 170 Stollen den fränkischen Rekord hält.

Frankens zweites alkoholhaltiges Getränk ist der Grund, dass die Bewohner des wenige Kilometer nördlich von Bamberg gelegenen Kemmern erst Ende des 18. Jahrhunderts nachzogen. Man muss sich den Semberg, den Höhenzug am Ortsrand, auf dem die dortige Dorfbrauerei in den 1830ern dem Ausgang ihres Lagerkellers ein Ausschankhaus aufsetzte, als Weinberg vorstellen – dessen Rebstöcke man eben erst gerodet hatte. 1792, das Gründungsjahr der ersten Kemmerner Brauerei, die bis heute im Besitz der Familie Wagner ist, fällt mitten in den von einem Klimawandel ausgelösten Niedergang des Weinbaus.

Weil auf diesem Klassiker unter den echten Sommerkellern die Zeit schon seit längerem stillzustehen scheint, ist bis heute gültig, was vor 170 Jahren im »Bamberger Tagblatt« geschrieben stand: »Von der terrassenartig angelegten Höhe schweift das Auge entzückt über die malerische Umgegend.« – »Die Lokalitäten des Kellers« sind »recht zweckmäßig eingerichtet und die treffliche Wirthschaft bietet den Gästen, was Speise und Trank betrifft, die vollkommenste Befriedigung«.

Adresse Am Waldhang 2, 96164 Kemmern, Tel. 0173/9114718 | **Saison/Öffnungszeiten** April–Sept. Mo–Sa ab 14 Uhr, So und Feiertage ab 9.30 Uhr | **Biere** eigene Brauerei | **Essen** traditionelle Brotzeiten, warme Gerichte, sonntags fränkischer Mittagstisch und Kaffee und Kuchen | **Ausstattung/Besonderheiten** Spielplatz, berauschende Aussicht | **Bei Schlechtwetter** kleine Gaststube | **Tipp** Der Felsenkeller im nahen Baunach liegt schon außerhalb des einstigen Weinanbaugebiets am Obermain, dort wird bereits seit 1740 Bier ausgeschenkt.

46 Bierkeller auf dem Kreuzberg

Das Trio der Gemütlichkeit

Unersättlich, wie die Bewohner des Großraums Nürnberg nun einmal sind, haben sie sich einen Hügel zu ihrem Hausberg erkoren, der ihre Sehnsucht nach all dem zu stillen vermag, was bei ihnen zu Hause durch griechische Ecktavernen, Pizzerien und Asia-Küchen verdrängt wurde. Immer mehr lassen sich von der Bahn nach Forchheim bringen, um von dort mit dem E-Bike über die Regnitz nach Westen zu rollen. Ihr Ziel: der rund 80 Höhenmeter über Hallerndorf gelegene Gipfel des Kreuzbergs. Dort oben können sie in gleich drei urigen Biergärten einkehren, sich dreimal ein Hausgebrautes plus Schäufele oder Brotzeit einverleiben, ohne sich groß bewegen zu müssen.

Magische Anziehungskraft besitzt der Hallerndorfer Kreuzberg spätestens seit der ersten Hälfte des 15. Jahrhunderts. Nur 30 Jahre nach der ersten Erwähnung wurde sein Kirchlein durch ein deutlich größeres Gotteshaus ersetzt, in dem in Stoßzeiten an nur einem Tag 23 Wallfahrtsgruppen den Herrgott inständig darum baten, ihre Kranken auf wundersame Art zu heilen. Nur einen Steinwurf von der Kirche entfernt gruben sich drei Brauereien Lagerkeller in den Fels, aus denen heraus die Pilger mit perfekt temperiertem Bier versorgt wurden und die bis heute bewirtschaftet werden. Ein ehemals vierter Keller gehörte dem Pfarrer, der ja vom Lohn des Herrn allein nicht leben konnte.

Während die Keller der beiden Hallerndorfer Brauereien Lieberth und Rittmayer im Wesentlichen bis heute geblieben sind, was sie schon immer waren – urige, einfache Kraftorte fränkischer Art –, wurde das Freiluftwirtshaus der Brauerei Friedel 2007 aufwendig zu einem Showroom der Genüsse umgebaut. Seither steht ihr Sudhaus nicht mehr im Hallerndorfer Ortsteil Schnaid, sondern im Schatten der Wallfahrtskirche. Die rund 100 verschiedenen Schnäpse, die ebenfalls im Brauhaus auf dem Kreuzberg gebrannt werden, wurden mit etlichen Medaillen ausgezeichnet.

Adresse Brauhaus am Kreuzberg, Tel. 09545/4736, www.brauhaus-am-kreuzberg.de; Franzis Lieberth's Keller am Kreuzberg, Tel. 09545/70746, www.franzis-keller.de; Rittmayer Keller, Tel. 0151/58559325, www.rittmayerkeller.de | **Saison/Öffnungszeiten** Brauhaus am Kreuzberg: ganzjährig, Mi–So ab 11 Uhr; Franzis Lieberth's Keller am Kreuzberg: ganzjährig, Mai–Sept. Mo–Fr ab 16 Uhr, Sa, So, Feiertage ab 11.30 Uhr, Okt.–April Fr, Sa ab 16 Uhr, So, Feiertage ab 11.30 Uhr; Rittmayer Keller: ganzjährig, Mai–Sept. Mo–Fr ab 16 Uhr, Sa, So ab 11 Uhr, Okt.–April Fr, Sa ab 16 Uhr, So ab 11.30 Uhr | **Biere** alle: eigene Brauerei | **Essen** alle: traditionelle kalte und warme Küche | **Ausstattung/Besonderheiten** alle drei haben einen Spielplatz | **Bei Schlechtwetter** wetterfeste Gasträume | **Tipp** Das Gasthaus der Brauerei Witzgall im Hallerndorfer Ortsteil Schlammersdorf hat nur einen winzigen Biergarten, ist aber dank der Qualität des hellen Lagers ein Muss.

47 Kloster Kreuzberg

Nach dem Amen fängt es an

Einem von der Grünen Insel eingewanderten Geistlichen ist es zu verdanken, dass es im Norden Bayerns beinahe so viele heilige Berge gibt wie in Irland Sand am Meer. Der Hesselberg bei Wassertrüdingen, der Staffelberg bei Lichtenfels, das Walberla und der ebenfalls bei Forchheim gelegene Kreuzberg ziehen dank ihres Ehrentitels die Wanderer magnetisch an. Nur so als Beispiel. Noch turbulenter geht es nur auf jenem Gipfel zu, dem laut offizieller Messung gerade einmal zehn Zentimeter fehlen, um sich obendrein als höchste Erhebung der bayerischen Rhön bezeichnen zu dürfen. Historisch betrachtet war dieser zweite Kreuzberg der erste seiner Art. Wo er den Himmel berührt, soll der Missionar Kilian im Jahr 686 ein Kreuz errichtet haben. Worauf die bis dato nackt um Bäume tanzenden Franken plötzlich Christen waren. Allesamt.

Dass der Kreuzberg (Rhön) nach wie vor den Sommer über statistisch fast täglich von einer Wallfahrtsgruppe erklommen wird, dürfte auch zwei ganz profane Gründe haben: 1) Als einziger der heiligen Berge ist er quasi von Anbeginn der Zeit an mit einer Brauerei gesegnet. 2) Deren Bier schmeckt, als hätte es der Herrgott höchstpersönlich angesetzt. Noch während in der Kirche des 1692 erbauten Klosters Gottesdienst gehalten wird, bildet sich an jenem Fenster eine Schlange, durch das den Durstigen ihr Manna gereicht wird. Es öffnet sich erst, wenn das letzte Amen verklungen ist. Gegen zehn Uhr vormittags.

Auch der selbst für die als trinkfest bekannten Franken recht frühe Ansturm hat seine Gründe. Dort oben ist das Wetter immer einen Tick unbeständiger als im übrigen Land. Wenn im 100 Kilometer entfernten Würzburg ein laues Lüftchen weht, ist mit Sturm zu rechnen. Entsprechend begehrt sind die wenigen Innenhofplätze des weitläufig über das Klosterareal verteilten, mehrere hundert Schäfchen fassenden Biergartens. Jährlich hoffen bis zu 500.000 Gäste, dass sie noch nicht komplett besetzt sind.

Adresse Kreuzberg 2, 97653 Bischofsheim, Tel: 09772/91240, www.kloster-kreuzberg.de | **Saison/Öffnungszeiten** ganzjährig, Bestuhlung nach Witterung, täglich ab 10 Uhr | **Biere** eigene Brauerei | **Essen** kalte und warme Küche, Kaffee und Kuchen | **Ausstattung/Besonderheiten** spektakuläre Aussicht vom nahen Gipfelkreuz | **Bei Schlechtwetter** Gastraum | **Tipp** 20 Kilometer nordwestlich des Kreuzbergs liegt das verschlafene Städtchen Ostheim vor der Rhön – und in dessen Auenwiesen der Biergarten der jungen, herausragend guten Brauerei Rhönpiraten.

48 Kulmbacher Kommunbräu

Der David aus der Bierhauptstadt

Wer erinnert sich noch an die 1988 erlassene Verordnung Nummer 1677/88/EWG zur Festsetzung von Qualitätsnormen für Gurken? Bis 2009 diktierte der größte Witz, den sich die Bürokratie je hat einfallen lassen, wie stark das Salatgemüse gekrümmt sein durfte. Ein Evergreen der Realsatire. Nicht definiert hingegen ist, ab welcher Fläche eine Außenbewirtung zu einem Biergarten wird. In Bayern gilt: »Entscheidend ist das Gesamtbild der Anlage.«

Größe war nie das Ziel der Genossenschaft, die sich 1992 zusammenfand, weil in ihrer Stadt zwar so viel Bier gebraut wurde wie in keiner anderen in Oberfranken, sich aber genau deshalb abzeichnete, dass bald alle lokalen Sudstätten von der Kulmbacher Brauerei Aktien-Gesellschaft geschluckt sein würden. 400 Fans des echt handwerklichen Biers zeichneten Anteile, sodass 1994 ein David seinen Kampf aufnehmen, in einer ehemaligen Mühle eine Gasthausbrauerei eröffnet werden konnte. Inklusive eines Biergartens. Er ist einer der kleinsten in diesem Buch, denn die Kommunbräu muss sich zwischen dem Weißen Main und dem Berg, auf dem Kulmbachs Wahrzeichen thront, die Plassenburg, schlank machen.

Traditionelle Sonntagsküche vom Feinsten. Auch unter der Woche. Naturtrübe, nicht pasteurisierte Stöffchen. Jeden ersten Mittwoch im Monat wird eine dritte, besondere, saisonale Sorte angestochen. Die Oase des Guten in der fränkischen Hauptstadt des Industriebiers mag klein sein und ist, weil arg eng bestuhlt, nicht immer einladend. Aber man weiß als Gast, dass hier auch morgen alles wie gewohnt sein wird. Wie viel das wert ist, zeigte sich, als der Goliath 2018 in die Knie ging. In diesem Jahr warf der Pächter des gastronomischen Prestigeprojekts des Braukonzerns das Handtuch. Auch 2019 war der 2.000 Gäste fassende Mönchshof-Biergarten geschlossen. Bei Redaktionsschluss für dieses Buch: völlig unklar, wann und wie es dort weitergeht.

Adresse Grünwehr 17, 95326 Kulmbach, Tel. 09221/84490, www.kommunbraeu-brauerei.de, aktuelle Entwicklung zum Mönchshof-Biergarten auf www.mönchshof.de | Saison/Öffnungszeiten Gasthaus ganzjährig, Biergarten nach Witterung, täglich ab 10 Uhr | Biere eigene Brauerei | Essen traditionelle fränkische Küche | Ausstattung/Besonderheiten jeden 1. Mittwoch im Monat um 19 Uhr Anstich eines saisonalen Sonderbiers | Bei Schlechtwetter Gastraum | Tipp 2015 erhielt Kulmbachs David ein Geschwisterchen. Seither wird auch im Gasthaus Zum Gründla nur noch Selbstgebrautes gezapft. Netter kleiner Biergarten – im Stadtteil Metzdorf.

49__Biergarten am Schloss

Wie in schönen Büchern

Der Main. Die Magie seines Ufers. »Ich erinnere mich wohl noch der mächtigen Flöße, welche während meiner Knabenzeit alljährlich in ganzen Prozessionen vorbeizugleiten pflegten.« Der dies schrieb, hat nie einen Fuß auf fränkischen Boden gesetzt, geschweige denn auch nur eine Zehe in den längsten Fluss der Region getaucht. Und dennoch lieferte der 1910 in Connecticut, USA, verstorbene Samuel Langhorne Clemens die wahrhaftigste Beschreibung des kleinen, von den Türmen einer schon im Bauernkrieg geschleiften Burg beschützten Laudenbach. Bekannt unter seinem Pseudonym Mark Twain, verstand er es nun einmal wie kein anderer, eine Kindheit am Fluss in Worte zu fassen. Auch wenn der Main bei ihm Mississippi heißt.

Tante Polly, der furchtlose Tom, sein arg wohlerzogener Bruder, der sozial übelst an den Rand gedrängte Jim, der gestrenge Herr Schullehrer und natürlich auch Huckleberry Finn hätten weit weniger Gefahren zu meistern und Ängste auszustehen gehabt, hätte es zu ihrer Zeit bereits Laudenbachs Freizeitparadies gegeben, den Biergarten am Schloss. Als wäre man mitten in Twains Romane hineingeraten, ziehen dort wieder und wieder schwer beladene Frachtkähne vorbei – so nah, man könnte den Matrosen eine Freude machen und eine Brezel mit Knacker auf ihren Kahn hinüberwerfen. Trotzdem können Eltern ihre Rabauken nicht nur allein auf den umzäunten Minigolf-Parcours und den Spielplatz schicken. Man kann ihnen sogar gestatten, ganz allein im Fluss zu waten. Sollten sie ins Wanken geraten, plumpsen sie in einen seichten Altarm, den eine Insel von der Fahrrinne abtrennt.

Der Biergarten am Schloss liegt direkt am Main-Radweg, wer die Strecke Würzburg–Gemünden in Angriff nimmt, rollt dort automatisch vorbei. Die meisten Gäste kommen deshalb per pedes. Kanus, die unten auf der Böschung liegen, belegen, dass Huck und Jim aber nicht die Einzigen sind, die den Wasserweg vorziehen.

Adresse Bandwörthstraße, 97753 Karlstadt-Laudenbach, Tel. 09353/9821622, www.biergarten-am-schloss.de | Saison/Öffnungszeiten April–Sept. täglich außer Mo ab 10 Uhr | Biere Würzburger Hofbräu, Keiler, Mönchshof | Essen kalte und warme Küche, von mediterran über Currywurst bis traditionell, Kaffee und Kuchen | Ausstattung/Besonderheiten auch vom Wasser aus zugänglich, Spielplatz, Minigolf, separate Eisbude | Bei Schlechtwetter Gasthütte | Tipp An einem anderen Abschnitt des Main-Radwegs, der Etappe Schweinfurt–Würzburg, kommt man durch Kaltenhausen. Der dortige Biergarten an der Mainschleife ist zu Recht legendär.

50__Laufer Keller

Der Wunsch, sich nicht mehr zu bewegen

Weil das gute Bier aus den kleinen Dorfbrauereien in weiten Teilen Frankens das mit Abstand beste Argument ist, um Genusssüchtige aus nah und fern dazu zu überreden, ihren Urlaub ausnahmsweise mal nicht an einem Karibikstrand zu verbringen, haben sich viele Gemeinden darangemacht, einzelne Zapfstationen mit einem Wirtshauswanderweg zu verbinden. Einer der weniger bekannten, aber hoch empfehlenswerten führt von Adelsdorf, einem unscheinbaren Kleinzentrum des Aischgrunds, auf einer 20 Kilometer langen Runde zu acht Biergärten und echten Kellern. Dies ist sowohl an Kilometern, vor allem aber an Seidla für einen Tag ein wenig viel.

Weil das natürlich auch seinen Machern aufgefallen ist, haben sie die Route in zwei Schleifen unterteilt. Abschnitt B führt an der nördlichen Flanke des Aischgrunds entlang zu unserem Ziel, einem Ideal von einem traditionellen, bodenständig einfachen Sommerkeller. Er versteckt sich an einem Höhenzug, der hinter dem Dorf Aisch und der namensgebenden Ortschaft Lauf aufsteigt. Weit außerhalb der beiden duckt er sich in den Wald ab. Würde nicht eine Fahne die Gäste herbeiwinken, niemand käme auf die Idee, dass dort oben ein rustikales Kleinod dazu verführt, wieder einmal so viel Presssack, Leberwurst und Räucherbauch mit dem süffigen Haustrunk herunterzuspülen, dass man eine Ausrede hat, doch noch auf ein drittes Seidla bleiben zu müssen: »Schatz, kann mich nicht bewegen! Ich platz fast!«

Es heißt, dass der Laufer Keller in jener Zeit in den Sandstein geschlagen wurde, in der es noch gar keine Dorfbrauereien gab. Im 17. Jahrhundert nutzten alle Gastwirtschaften das Gemeinschafts-, das Kommunbrauhaus. Auch der Wirt aus Lauf holte sich dort seine Charge ab, um sie in seinem unterirdischen Stollen zu vergären und reifen zu lassen. Bekannter ist der Laufer Keller unter dem Namen Fischer Keller, weil er gefühlt schon immer vom Fischerwirt betrieben wird.

Adresse an der Straße von Lauf nach Aisch bei einem Hinweisschild in einen Feldweg abbiegen und auf eine Fahne zufahren, Tel. 0162/6221866, www.laufer-keller.de (eine Karte des Adelsdorfer Bierkellerwegs findet sich als PDF auf www.adelsdorf.de über Erleben/Ausflugsziele/Rad- & Wanderwege) | **Saison/Öffnungszeiten** Start im April, Saisonende nach Witterung, Di–Do ab 17 Uhr, Fr ab 16 Uhr, Sa ab 15 Uhr, So, Feiertage ab 13 Uhr | **Biere** Brauhaus Höchstadt | **Essen** traditionelle Brotzeiten, sonntags Kuchen/Torten | **Ausstattung/Besonderheiten** Spielplatz, atemberaubender Blick | **Bei Schlechtwetter** Gastraum | **Tipp** In Adelsdorf empfiehlt sich schon allein der Aussicht wegen der Besuch der Kellerwirtschaft Scharold.

51 Biergarten Kunigundenberg

Die Heilige der Franken im Glas

Obwohl sie nie dort gewesen sein kann, weil der Ort zu ihren Lebzeiten noch gar nicht existiert hat, wird die um das Jahr 980 geborene deutsche Kaiserin Kunigunde in Lauf an der Pegnitz als Persönlichkeit der Stadtgeschichte verehrt. Jeden ersten Sonntag im Juli schlüpft, sofern man nicht den im Stadtteil rechts der Pegnitz geborenen Kabarett-Berserker und Tatort-Spurensicherer Matthias Egersdörfer bittet, sich der Rolle anzunehmen, ein Schulmädchen in das Gewand der Schutzpatronin der Kinder und der Franken. Vom Marktplatz aus folgt ihr alles, was Beine hat. Es geht auf den gut einen Kilometer weiter nördlich gelegenen Kunigundenberg hinauf, auf dessen Gipfel die Kunigundenkirche steht und seit 500 Jahren die Kunigundenkirchweih gefeiert wird.

Auch den übrigen Sommer über lohnt es sich, vor einem Besuch jenes fränkischen Biergartens, der für seinen Panoramablick in gleich zwei Disziplinen, Weite und Detailreichtum, die Goldmedaille verdient hätte, einen Veranstaltungskalender zu konsultieren. Denn der Kastanien- und Lindenhain, der den Bierzeltgarnituren Schatten spendet, teilt sich den Höhenrücken mit einer Arena, in der Freiluftkino zelebriert wird und Bands aufspielen. Empfohlen wird, das Areal dann jener Crowd zu überlassen, der der Blick übers Häusermeer von Lauf nicht Erlebnis genug ist. Oder es jenen Einheimischen gleichzutun, die sich in den Windschatten der 1910 ausgebrannten und deshalb schmucklosen gotischen Kunigundenkirche zurückziehen.

Dass hier oben auch das Bier im wahrsten Sinn des Wortes gesegnet ist, dürfte niemanden wundern. Der Haustrunk, ein naturbelassenes Lager, trägt den Namen Kuni-Bräu. Davon schenkst mir fei glei noch eines ein! Denn das Rätsel zu entschlüsseln, wie es der Gründerin des Bistums Bamberg gelang, sich in den Herzen der Laufer festzusetzen, wird nur dem gelingen, der zu tief in Glas blickt.

Adresse Kunigundenberg 3, 91207 Lauf an der Pegnitz, Tel. 0179/5156157, www.kunigundenberg.de | **Saison/Öffnungszeiten** nach Witterung, circa April–Ende Sept., Anfang Sept. Betriebsurlaub, Mo–Do ab 15 Uhr, Fr–So ab 14 Uhr | **Biere** selbst gebrauter Haustrunk, Simon | **Essen** traditionelle Brotzeiten, kleine warme Gerichte | **Ausstattung/Besonderheiten** großer Spielplatz | **Bei Schlechtwetter** Zelt | **Tipp** Abgelegen und eigenbrötlerisch, das sind die Kennzeichen des Biergartens der Kleinbrauerei Enzensteiner. Wo? In Enzenreuth bei Schnaittach.

52 Waldstübla

Wider die Aufrüstung im Kinderzimmer

Eine Herde Ziegen, Hasen, Meerschweinchen und anderes, immer hungriges Getier sind die wichtigsten Mitarbeiter dieses Familienbiergartens, vom dem die Kleinen sogar dann ihren Freunden vorschwärmen werden, wenn sie mal wieder eine Werbung fürs Legoland gesehen haben. Unweit der Autobahn und Bahnstrecke Nürnberg–Bamberg gelegen, schmiegt er sich, eine kindgerecht kurze Fahrradtour von Strullendorf entfernt, zwischen den Dörfern Amlingstadt und Leesten ins sanft gewellte Hügelland.

Man stelle sich einen Campingplatz vor, den man einen Wochenendurlaub lang nicht verlassen wird, weil er zwar so gar nichts Spektakuläres, aber gerade deshalb alles hat, was die Seele begehrt. Außer einer Möglichkeit zum Zelten. Die Älteste hätte gern einen Kuchen. Ist sogar hausgemacht. Der Mittlere den Papa zum Fußballspielen. Der ist nach wenigen Minuten zurück an ihrem Plätzchen im Wald, denn natürlich hat sich eine Mannschaft aus Knirpsen gebildet. Ein Seidla bekommt er jetzt. Und einen Presssack. Und die Mutter einen Schnaps. Den braucht sie jetzt. Weil sogar die Jüngste eine Beschäftigung gefunden hat. Zum x-ten Mal lässt sie sich von Größeren erklären, wie genau sie ihre Hand den Ziegen hinhalten muss, damit sie nicht gebissen wird.

Weniger ist nicht nur mehr, sondern im Fall dieses riesigen, halb im Wald gelegenen, sich halb über eine Wiese ziehenden Spiel- und Erholungsparadieses, in dem es keine monstergeilen Jedi-Achterbahnen gibt, ein Hoffnungsschimmer am Pädagogik-Horizont. Ein Mahnmal wider die Aufrüstung im Kinderzimmer. Ja, es ist das Recht der Eltern, dass ihnen das rastlose Abklappern der Gimmicks und das Schlangestehen in einem der Hightech-Vergnügungsparks zu viel wäre. »Die Faulenzer sind die eigentlichen Wohltäter der Menschheit«, formulierte der britische Schriftsteller George Mikes. »Denkt daran, wie viel Unheil allein durch Nichtstun verhindert worden ist.«

Adresse an der Straße von Leesten nach Amlingstadt, 96129 Strullendorf-Leesten, Tel. 09505/1240, www.waldstübla.de | Saison/Öffnungszeiten nach Witterung, circa April–Sept. Mi–Fr ab 16.30 Uhr, Sa, So, Feiertage ab 14.30 Uhr | Biere Löwenbräu Buttenheim und andere regionale Kleinbrauereien | Essen traditionelle Brotzeiten, kleine warme Gerichte, Kaffee und Kuchen | Ausstattung/Besonderheiten gigantischer Spielplatz für alle Altersklassen, Fußballwiese mit Toren, Tiergehege | Bei Schlechtwetter kleine Gaststube | Tipp Die Hoffmannsklause in den Regnitzauen am südlichen Ende von Bamberg gehört zu einem Campingplatz, ihr Biergarten steht aber jedermann offen.

53 Rosenkeller

Wo dir die Birnen direkt in den Mund wachsen

Die beste gute Tat eines Franken, die der Herrgott in seinen dicken Registerbüchern für das Jahr 1993 verzeichnet hat, wurde nicht ganz ohne Eigennutz und auch nicht zu seinen Ehren vollbracht. Bis dahin hatte Gerhard Böhmer seine Streuobstwiese hinterm Haus nur so nebenbei und in seiner Freizeit für jedermann zugänglich gemacht, man sollte ihm halt im Gegenzug für den weiten, meditativen Ausblick übers hügelige Bauernland und den schönsten Sonnenuntergang, den man westlich von Nürnberg je erlebt hat, ein Seidla und vielleicht auch eine Brotzeit abkaufen. Weil im Lauf der Jahre aus nur einem Tisch für seine Freunde und Nachbarn ein Ozean an Sitzgelegenheiten entstanden war, sah er die Zeit gekommen, dem Finanzamt mitzuteilen: Ab diesem Frühjahr dürfen Sie einen hauptberuflich geführten Biergarten mehr besteuern.

Wäre man gezwungen, die Top Ten der fränkischen Sommerparadiese aufzustellen, der immer volle und doch nur einem kleinen Kreis an Genießern bekannte Rosenkeller wäre mit Sicherheit dabei. Die Wohltat, nach einer Brotzeit kurz unter einem Obstbaum einzunicken und zu träumen, dass einem dessen süße Früchte in den Mund hineinwachsen. Samstagabend: ein Lagerfeuer, um das sich kleine und große Rabauken drängen, die sich eine Bratwurst über seinen Flammen rösten. Jeder Besuch eine Seelenmassage, Tiefenhypnose, Gesundbleiben-Therapie.

Astrid Lindgren gilt bis heute als unübertroffen, wenn es darum geht, jene Bilder aufzurufen, die in unser aller kollektivem Gedächtnis für eine unbeschwerte Kindheit stehen. Hätte es den Rosenkeller zu ihren Lebzeiten schon gegeben, hätte sie ihr Bullerbü sogar noch einen Ticken liebenswerter beschreiben können. Sie hätte Lasse, Bosse und die anderen einfach nur in Böhmers weitläufigen, aus einer anderen Zeit übrig gebliebenen, weder groß von Zäunen eingeschnürten noch mit Kitsch und Nippes verunzierten Bauerngarten versetzen müssen.

Adresse Linden 51, 91466 Gerhardshofen-Linden, Tel. 09163/8317 | Saison/Öffnungszeiten circa Mitte April–Mitte Sept. Mi–Fr ab 17 Uhr, Sa ab 15 Uhr, So ab 11 Uhr | Biere unter anderem Aischgründer | Essen traditionelle Brotzeiten, ständig wechselnde warme Gerichte, Kaffee und Kuchen, jeden Samstag gegrillte Makrele | Ausstattung/Besonderheiten mehrere Spielplätze, regelmäßig Livemusik, Feuerstelle | Bei Schlechtwetter Gastraum | Tipp Im nahen Langenzenn steht die Biergartenoase für erlebnisreiche Abende im Freien.

54 Brauerei Hölzlein

Bekannt für große Schweinereien

Mit gerade einmal 1.500 Hektolitern pro Jahr ist die Brauerei Hölzlein ein Mauerblümchen. Aber sollte sie sich deshalb in den Chor all jener einreihen, die das Größer-Schneller-Weiter als den allein selig machenden Weg anpreisen? Wo doch die Menschen ganz von selbst zu ihr hinausgefahren kommen, um ihr genau diese Menge wegzutrinken! Als Pilgerziel der Bamberger Biergourmets kann sie sich auf den guten Ruf verlassen, den sie sich in den 240 Jahren ihres Bestehens erarbeitet hat.

Wer das kulinarische Kleinod nicht kennt, sei davor gewarnt, dass auf dem Weg ins 380 Einwohner kleine Lohndorf viel versucht wird, um den Besucher in die Irre zu führen. Es gilt, die Lust auf Pizza und Pasta wegzudrücken, die das omnipräsente Werbegeklingel für eine Region namens »Fränkische Toskana« erzeugt. Übereifrige Tourismusvermarkter haben dem Hügelland östlich von Bamberg diesen maximalen kreativen Fehlgriff verpasst. Ist das Ziel endlich erreicht: Bitte nicht davon täuschen lassen, dass der Gasthof verwaist wirkt! Spätestens Ende Mai fällt seine Schauseite in einen tiefen Sommerschlaf. Der Biergarten liegt hinterm Haus. Blickgeschützt. Inklusive einer uralten Linde, wie es sich gehört. Man sitzt unter dem Baldachin eines gigantischen Kiwi-Strauchs. Man atmet auf, weil die anderen auch wegen der schwer verdaulichen Schweinereien gekommen sind, die die Karte auflistet. Presssack. Sülze. Leberwurst. Molto gustoso! Weil echt fränkisch, echt fettig. Oder Schnitzel in Übertellergröße. Die Hölzleins metzgern und wursten selbst.

Sollte sich eines Tages in diesem lauschigen Hinterhofbiergarten kein einziger Gast einfinden, es wäre ein klares Signal, dass Franken von einem Endzeitszenarium epochalen Ausmaßes überrollt wurde. Wie die DDR am 1. Juli 1990, als 16 Millionen Bürger vor einer Bank Schlange standen, um ihre seit Mitternacht wertlosen Bargeldbestände 1:1 in Westmark zu tauschen.

Adresse Ellertalstraße 13, 96123 Litzendorf-Lohndorf, Tel. 09505/357, www.brauerei-hoelzlein.de | **Saison/Öffnungszeiten** Gasthaus ganzjährig, Biergarten nach Witterung, Mo, Do, Fr ab 16 Uhr, Sa, So ab 15 Uhr | **Biere** eigene Brauerei | **Essen** traditionelle Brotzeiten, kleine warme Gerichte | **Bei Schlechtwetter** überdachter Freisitz, Gaststube | **Tipp** In der »Fränkischen Toskana« können Sportskanonen beweisen, dass sie auch in Sachen Biergenuss fit sind. Beim jährlichen Brauereilauf, einem Volksmarathon, bei dem an den Versorgungspunkten Gerstensaft gereicht wird.

55 Mainuferbiergarten

Schauen, was der Fluss so macht

Wer in einem der pittoresken Städtchen zu Hause ist, die sich eng an das Ufer des Mains anschmiegen, sich in das Flusstal abducken, der lebt in beengten Verhältnissen. Zwar soll es auch in den Augenweiden Miltenberg, Lohr und Marktheidenfeld – nur so als Beispiel – Menschen mit richtig guten Ideen geben. Aber es gibt halt leider keinen Platz, an dem etwas Neues entstehen kann. Entsprechend stolz dürfen die Bewohner des zuletzt genannten Kleinods an der neunten Etappe der beliebtesten fränkischen Fahrrad-Fernwanderstrecke sein, des Mainradwegs. 2006 weihten sie einen Biergarten ein, bei dem einfach alles stimmt. Allein diese Lage! Sie widerlegt Generationen von Deutschlehrern, die ihren Schülern einbläuen wollten, dass es eine Steigerung des Wortes perfekt nicht geben kann.

Besucherströme waren in Marktheidenfeld schon immer. In Gestalt von Schiffern, die an der Uferpromenade vor Anker gingen, und von Männern, die Kähne mit ihren Pferden flussaufwärts zogen, den Leinreitern. Wo sich heute betagte Altstadtbewohner, junge Mütter und betuchte oder zur Bescheidenheit verurteilte Ausflügler ihren Krug füllen lassen, traf man sich schon anno dazumal, um Aktuelles aus nah und fern auszutauschen. Damals stand man unter einer Esche herum, die im Volksmund Lügenbaum hieß. Heute beobachtet man wahlweise von einfachen Bänken oder komfortablen Stühlen aus, was der Fluss denn so macht.

Es soll Leute geben, die hier ihren Jahresurlaub verhockt haben. Nur unterbrochen von kurzen Spaziergängen durch die engen Gassen der Altstadt. Selbst Eltern können es sich erlauben, über Stunden einfach nur dazusitzen und die Gedanken mäandern zu lassen. Denn die Marktheidenfelder haben den Biergarten so positioniert, dass Kinder, die sich auf dem dahinterliegenden, riesigen Spielplatz austoben, gar nicht erst auf die Idee kommen, sich heimlich ans Wasser zu schleichen.

Adresse Mainkai 27, 97828 Marktheidenfeld, Tel. 0171/6476601, www.mainuferbiergarten.de | **Saison/Öffnungszeiten** nach Witterung, circa Ende März – Ende Sept., während des Volksfests Laurenzimesse (um den 15. Aug.) geschlossen, täglich ab 11 Uhr | **Biere** Martinsbräu | **Essen** wechselnde Tagesgerichte, kleine warme Speisen (auch vegetarisch), traditionelle Brotzeiten, Kaffee und Kuchen | **Ausstattung/Besonderheiten** direkt am Flussufer, großer Mehrgenerationen-Spielplatz | **Bei Schlechtwetter** überdachter Freisitz | **Tipp** Spaziert man vom Mainuferbiergarten stadtauswärts den Fluss entlang, trifft man bald auf einen Komplex aus sieben historischen Lagerkellern für Bier und Eis. Einer von ihnen wird wieder bewirtschaftet als Restaurant mit Biergarten: der Felsenkeller Zum Neuen Brauhaus 1816.

56__Gasthaus Hoh

Wo man dereinst Schicksal spielen wollte

Langeweile ist Johann Wolfgang von Goethe zufolge »ein böses Kraut«, das ausgerupft gehört. Bleibt die Frage: Womit? Schon in der Antike war es üblich, hierzu Holzstücke senkrecht aufzustellen, um sie sogleich aus sicherer Distanz mit einer Kugel zu attackieren, Schicksal mit ihnen zu spielen. »Heidentöten« hieß der Zeitvertreib im Mittelalter. Auch in Franken wurde zu allen Zeiten gern gekegelt. Wann genau sich dort herumsprach, dass die Gäste länger bleiben, wenn man in seinen Biergarten eine überdachte Kegelbahn hineinbaut, liegt im Dunkel der Geschichte. Man nimmt an, dass die erste Anlage 1844 in Weismain eröffnet wurde – auf dem längst aufgelassenen Linden-Keller.

Nicht ganz so alt dürfte die historische Kegelbahn sein, die sich am Rand eines weitläufigen Biergartens lang macht, in dem man sich seit 200 Jahren darüber freut, dass eine sonntägliche Landpartie nie aus der Mode gekommen ist. Während das Gasthaus Hoh baulich immer wieder an die sich ständig wandelnden Bedürfnisse der Ausflügler angepasst wurde, stand das wohl um die 30 Meter lange Relikt dem Zwang zur Erneuerung nie im Weg. Ein Glücksfall! Die Kegelbahn von Meedensdorf, einem 260 Einwohner kleinen Ort im hügeligen Vorland der Fränkischen Schweiz, blieb als eine von wenigen erhalten. Bespielt werden kann sie aber nicht mehr. Sie dient heute als Freisitz, wer unter ihrem Dach Platz nimmt, dem kann ein Regenguss nichts anhaben.

Auch sonst hat sich in diesem Großbiergarten der Charme eines Sommerausflugsziels vergangener Epochen so gut konserviert, dass es im Schatten seiner uralten Linden, ein wenig Vorstellungskraft vorausgesetzt, ein Leichtes ist, sich eine der goldenen Zeiten der Landgasthäuser auszusuchen und im Kopf in sie zurückzureisen. Ob Wirtschaftswunder, die flippigen 1920er, die Gründerzeit oder das Biedermeier. Beim Hoh findet jeder in seine Lieblingsvergangenheit zurück.

Adresse Kapellenplatz 5, 96117 Memmelsdorf-Meedensdorf, Tel. 09505/1443, www.gasthaus-hoh.de (mit dem Auto nicht das Gasthaus anfahren, sondern den Schildern zum separaten Parkplatz folgen) | **Saison/Öffnungszeiten** Gasthaus ganzjährig, Biergarten nach Witterung, Mi–Sa ab 16 Uhr, So, Feiertage ab 14 Uhr | **Biere** Hummel, Weismainer | **Essen** traditionelle kalte und warme Küche, zeitgemäße Hausmannskost, Tipp: die Ente! | **Ausstattung/Besonderheiten** weiter Ausblick, Spielplatz | **Bei Schlechtwetter** Gasthaus | **Tipp** Vorsicht, es besteht Verwechslungsgefahr mit dem urigen Biergarten des Braugasthaus Hoh in dem nur wenige Kilometer entfernten Köttensdorf.

57 Höhnskeller

Ein Gewohnheitsrecht, das Schule machen sollte

Eine der vielen doch recht eigenwilligen Traditionen, die auf den klassischen, über unterirdischen Lagerstollen angelegten Bierkellern noch heute gepflegt werden, dürfte für Gastro-Funktionäre der reinste Alptraum sein. Was, wenn die Unsitte um sich greift, ganz Deutschland erfasst? Eine ganze Branche am Bettelstab! Dass nicht nur einmal mit dem Gedanken gespielt wurde, die fränkischen Wirte offiziell für wahnsinnig erklären zu lassen, dessen können wir uns sicher sein.

Der Höhnskeller, die gute Sommerfreiluftstube von Memmelsdorf, einem hübschen barocken Dörfchen westlich von Bamberg, erbringt an jedem lauen Abend aufs Neue den Beweis, dass im Gegenteil durch Großzügigkeit immer allen zugleich geholfen war. Das urig-bodenständige Schmuckstück lag ursprünglich etwas außerhalb des Ortes, ist mittlerweile von Wohnhäusern umzingelt und gehört der lokalen Brauerei Höhn, die ihr naturtrübes Görchla nur dort oben und in ihrem Gasthaus ausschenkt. Wie im Jahr der Gründung 1793 wird bei ihr der Sudkessel noch heute mit Holz befeuert. Die dicksten der mächtigen Linden, die den Durstigen auf dem Höhnskeller Schatten spenden – etliche mussten leider gefällt werden – , verraten, dass der Lagerstollen in etwa so alt ist wie die Brauerei. Hier hat der Gast nicht nur die Qual der Wahl, ob er zu seinem obligatorischen Seidla auch etwas essen will. Wie eh und je ist es ihm zudem ausdrücklich erlaubt, sich seine Brotzeit von zu Hause mitzubringen. Ein Gewohnheitsrecht, das auf die Zeit zurückgeht, in der die Wirte nur Bier zapfen durften und wollten. Auf Kellern Speisen anzubieten wurde ihnen erst in den 1860ern erlaubt.

Wenn sich Gäste heute eine Tupperdose mitbringen, dann weil ihnen auf der Presssack-, Schinken- oder Kellerplatte halt doch etwas Frisches, Grünes fehlt. Man individualisiert, was in der Küchenhütte gezaubert wird. Nicht toleriert wird Pizza vom Lieferservice.

Adresse Meedensdorfer Straße, 96117 Memmelsdorf, Tel. 0951/406140, www.hotel-gasthof-hoehn.de | Saison/Öffnungszeiten nach Witterung, circa April–Okt. täglich ab 16 Uhr | Biere eigene Brauerei | Essen traditionelle Brotzeiten, kleine warme Gerichte, Flammkuchen, wechselndes Tagesgericht | Ausstattung/Besonderheiten weitläufiger Spielplatz | Bei Schlechtwetter Gasthaus im Ortszentrum | Tipp Das nahe Scheßlitz durfte sich 2019 über die gute Nachricht freuen, dass der Schwanenkeller wieder bewirtschaftet wird.

58 Zur Kellerwirtschaft

Am Sonntag wird aufgekocht

Einen kompletten Sonntagsspaziergang lang ist der Weg, den die Bewohner des stattlichen Dorfes Michelau seit ihrer ersten einschneidenden Wirtschaftskrise zurücklegen müssen, um einer der großen Leidenschaften des Franken frönen zu können, dem Verbummeln der Zeit auf einem Keller. Noch 1926 war ihnen der Wirt ihres liebsten Freiluftgasthauses mit seinem kühlen Bier ein Stück entgegengekommen. Dann aber ließ er direkt über seinem Lagerkeller, den er sich 1865 weit ober- und außerhalb des Orts in einen Bergrücken geschlagen hatte, ein neues Sommerwirtshaus bauen. Es heißt, es wäre seinen Gästen gar nicht unrecht gewesen, dass er dadurch den Weg zum Glück auf zwei Kilometer verlängerte. Zwei Jahrhunderte lang hatte ganz Michelau in einer handwerklichen Nische brilliert, der Korbflechterei, und von aus Weidenruten gewebten Behältnissen gut gelebt. Seit dem Ende des Ersten Weltkriegs aber gab es kein Militär mehr, das große Mengen an Sammelwannen für Granaten benötigte. Mit der Weltwirtschaftskrise sollten obendrein ihre wichtigsten Exportmärkte zusammenbrechen. Da tat es gut, dass man zu den Alltagssorgen auf Abstand gehen konnte, indem man sie unten im Ort zurückließ.

Michelau liegt am äußersten nördlichen Ende des Gottesgartens, einem Abschnitt des Maintals, in dem sich mehr Brauereigasthäuser und Biergärten bereit erklären, die große Sehnsucht nach ehrlicher, bodenständig traditioneller Küche zu erfüllen, als man innerhalb eines Jahresurlaubs besuchen kann. Das erklärt, weshalb auf diesem Keller die Einheimischen weitgehend unter sich bleiben. Wer sich gemeinsam mit ihnen an der kolossalen Aussicht weiden will, dem sei empfohlen, seinen Erstbesuch auf einen Sonntag zu legen und pünktlich zum Mittagessen die Straße zwischen Michelau und Schney nach jenem Schild abzusuchen, das sein Auto über einen Feldweg nach oben lotst. Denn am Tag des Herrn wird zünftig aufgekocht.

Adresse Kellerfuhre 1, 96247 Michelau, Tel. 09571/896886, www.kellerwirtschaft.com | **Saison/Öffnungszeiten** Gasthaus ganzjährig, Biergarten nach Witterung, Mi–Sa ab 13.30 Uhr, So ab 9.30 Uhr | **Biere** Leikeim | **Essen** traditionelle Brotzeiten, kleine warme Gerichte, sonntags fränkische Bratenküche, Kaffee und Kuchen | **Ausstattung/Besonderheiten** Spielplatz, Fußballwiese, Möglichkeit zur Übernachtung im Zelt oder Wohnmobil | **Bei Schlechtwetter** Freisitz, Gaststube | **Tipp** Im benachbarten Lichtenfels sieht man der Kneipe Zum Dümpelschöpfer ihren traumhaft schönen Innenstadt-Biergarten von außen nicht an.

59 Alexandrinenhütte

Die Welt liegt dir zu Füßen

Den Bewohnern der Alpenländer mag es seltsam vorkommen, aber Schutzhütten, in denen sich der Wanderer vor einem plötzlichen Gewitter in Sicherheit bringen kann, gibt es auch im Umland von Coburg. Dort bringt es der höchste Ausflugshügel auf gerade einmal 523 Meter. Ihm fehlen ein paar Meter, um sich mit dem bis auf 3.789 Meter aufragenden Großglockner messen zu können. Nur so als Beispiel.

Dieser Makel war auch einem »Komitee patriotischer Männer« aufgefallen, das 1905 den Grundstein zu einem Kleinod von Biergarten legte. Man bemühte sich, ihn auszubügeln, indem man die Sennigshöhe, die lang gezogene Kuppe oberhalb des bäuerlichen Mirsdorf, mit einem Aussichtsturm aufstockte. Aber auch ohne diesen kann der Blick weit bis nach Thüringen und übers – wieder fränkische – Grabfeld schweifen. Deshalb war niemand traurig, als der Turm 1936 wegen Einsturzgefahr gesprengt werden musste. Zumal seither Ausflüglern aus dem zur Wanderhütte umgebauten Unterbau Erfrischendes gereicht wird.

Die Alexandrinenhütte ist Coburgs Insidertipp für Familien, die ja den Bewegungsdrang der Kleinen auch an jenen Sommertagen nicht ignorieren können, an denen die Sonne mal wieder übers Ziel hinausschießt. Man wandert oder radelt von Tiefenlauter aus auf einem Abschnitt des Carl-Escher-Wegs hinauf – immer durch schattigen Wald (hin und zurück 13 Kilometer; Start: beim Gasthaus Zur Schnepfe von der Hauptstraße abfahren bis zum Wanderparkplatz; Wegzeichen roter Punkt auf weiß). Oben angekommen, lässt man sich einfach ins Gras fallen, sollten die wenigen rustikalen Tische mal wieder belegt sein. Da der nächstgelegene Parkplatz einen halben Kilometer entfernt ist, kann kein Auto dem Nachwuchs gefährlich werden. Der Biergarten wird ehrenamtlich betrieben, die Preise liegen deutlich unterhalb des Gewohnten. Ein Teller Erbsensuppe. Ein kühles Bier. Verstehen, was es heißt, wenn einem die Welt zu Füßen liegt.

Adresse nächstgelegener Parkplatz (und direkte Zufahrt für Radler): von Mirsdorf in Richtung des unübersehbaren Sendemastes, kurz nach dem Ortsausgang links, www.thueringerwald-verein-coburg.de | **Saison/Öffnungszeiten** Karfreitag–letzter So im Okt. Sa, So, Feiertage 10–17 Uhr | **Biere** Murmann | **Essen** Brotzeiten, kalt und warm, Kaffee und Kuchen | **Ausstattung/Besonderheiten** Mini-Spielplatz | **Bei Schlechtwetter** Gastraum in der Hütte | **Tipp** Um der DDR auf die Finger zu sehen, wurde 1987 hinter dem nahen Bad Rodach der Aussichtsturm Henneberger Warte errichtet. Er teilt sich den Parkplatz mit dem Biergarten Sankt Georgenberg.

60__Sonnen-Bräu

Wir können einem Wirt vertrauen

Die Liebenswürdigkeit, liebe Südbayern, die allen fränkischen Biergärten gemein ist, erkennt man am Detail. Bei euch wird das Bier zum Beispiel in eimergroßen Einheiten ausgegeben. Deshalb schmeckt es bei euch immer so abgestanden und schal. Auch werden bei euch die Trinkgefäße der Stammgäste in Gitterboxen weggesperrt. So viel Misstrauen hält der Franke für unangebracht. Er weiß, er kann seinem Wirt sein Krügla bedenkenlos aushändigen, damit er es möglichst nah am Zapfhahn und allzeit griffbereit platziert. Auf dass es bereits befüllt ist, wenn er an die Theke tritt.

Bei Ralph Schmitt, dem Wirt des Brauereigasthauses Sonnen-Bräu, bestehen die Krügla, die ihm seine treuesten Trinker im Frühjahr in den Biergarten bringen, damit er sie den Sommer über jedes an seinen eigenen Haken hängt, aus Holz. Eine Besonderheit, die sofort ins Auge sticht und sich dadurch erklärt, dass in der Nachbarschaft ein Mann wohnt, der sich beschäftigt wissen will und das ausgestorbene Handwerk des Büttners noch beherrscht. In Mürsbach, einem bildhübschen Fachwerkdorf am Rand des Itzgrunds, ist es eine Tugend, aus dem Rahmen zu fallen. Obwohl der Ort von der erstgenannten Domstadt fünfmal so weit entfernt liegt wie von der zweiten, ist er seit Jahrhunderten ein Stachel des Bistums Würzburg im Bamberger Fleisch.

Befüllt werden die Holz- und natürlich auch die Steingutkrügla der normalen Gäste mit Bier, das in einem Sudkessel entsteht, der mit Holz geheizt wird. Braumeister Daniel Schmitt hat neben einem exquisiten Kellertrunk immer auch einen wechselnden, ebenfalls naturbelassenen Spezialsud am Hahn, ein federleichtes Pale Ale zum Beispiel, schafft es spielend, die Kluft zwischen Tradition und urbanen Craft-Kreationen zu überbrücken. Insgesamt sorgen drei Generationen der Familie Schmitt dafür, dass es niemandem an wirklich gar nichts mangelt. Mit jener wortkargen Liebenswürdigkeit, die für die Franken so typisch ist.

Adresse Zaugendorfer Straße 4, 96179 Rattelsdorf-Mürsbach, Tel. 09533/981017, www.sonnen-braeu.de | **Saison/Öffnungszeiten** Gasthaus ganzjährig, Biergarten nach Witterung, Mi, Do ab 16.30 Uhr, Fr, Sa ab 12 Uhr, So ab 11 Uhr | **Biere** eigene Brauerei | **Essen** traditionelle kalte und warme Küche | **Ausstattung/Besonderheiten** Spielplatz | **Bei Schlechtwetter** überdachter Freisitz, Gasthaus | **Tipp** In Mürsbachs zweitem Biergarten sitzt man auf einer Wiese unter Obstbäumen. Er gehört zum Slow-Food-Landgasthaus Goldener Adler.

61 Löwenbräu Felsenkeller

An jedem Tisch eine Blondine

Bis zu 70 Meter führen die beiden Lagerstollen in die Tiefe, die sich die Neuhauser Löwenbräu vor langer Zeit mitten im Wald ins Felsgestein gehauen hat. Auf einem Grund, der ihr nicht gehörte.

1545 war das heute 700 Einwohner kleine Neuhaus vom Bistum Bamberg in den Besitz der Adelsfamilie von Crailsheim gewechselt, die sich am Ortsrand ein klobiges Wasserschloss gönnte. Wenn mal wieder ein stolzer Herr durchs Unterholz reitet, sein Pferd dicht an den voll besetzten Tischen des Kultbiergartens vorbeidirigiert, dann kann es sich nur um den Baron handeln, der in seinem Forst nach dem Rechten sieht. Es dürfte ihn glücklich machen, zu sehen, dass es auf der von alten Bäumen beschatteten Plattform vor dem 2019 neu gebauten Ausschankhaus wieder voll geworden ist. Gut und gern 600 vom Alltag ausgezehrte Otto Normalbürger stillen dort an lauen Sommerabenden ihren Durst. Obwohl Neuhaus doch recht weitab vom Schuss liegt.

Neuhaus ist ein Karpfendorf, um den Ort herum gibt es, dessen ist sich jeder sicher, der die Gegend erwandert hat, mehr Fischteiche als Felder. Dementsprechend hat sich die Löwenbräu schon vor längerer Zeit die Aufgabe gestellt, den perfekten flüssigen Begleiter zum Lieblingsfisch der Franken zu kreieren. Gleich drei Mal wurde ihre Karpfenweiße von der Jury des »European Beer Star«, eines der wichtigsten Qualitätswettbewerbe der Welt, mit einer Goldmedaille dekoriert. Obwohl in Franken Weizenbier keine Tradition hat – für die namensgebende Zutat sind die Böden zu karg –, sollte man sich auf diesem Keller so ein Blondinchen an seinen Tisch holen. Dank einer spritzigen Säure und einer fruchtigen Aromatik: ein Sommergetränk par excellence! Auch harmoniert der Prickeltrunk perfekt mit einer verwegenen kulinarischen Eigenkreation der Familie Wirth, die die Löwenbräu in der mittlerweile zehnten Generation betreibt: Flammkuchen, belegt mit urfränkischem Bratwurstgehäck und würzigem Limburger.

Adresse östlich von Neuhaus (Adelsdorf) im Wald, im Ort gut ausgeschildert, bitte unbedingt die Parkanweisungen befolgen! Tel. 09195/923310, www.hotel-zum-loewenbraeu.de | **Saison/Öffnungszeiten** Mai–Sept., bei über 20 Grad Mo–Fr ab 17 Uhr, Sa ab 16 Uhr, So ab 11 Uhr | **Biere** eigene Brauerei | **Essen** traditionelle Brotzeiten, Bratwurst und kleine warme Gerichte, Flammkuchen, Kaffee und Kuchen, Sonntagmittag Braten mit Kloß | **Ausstattung/Besonderheiten** großer, separat gelegener Spielplatz, historische Kegelbahn | **Bei Schlechtwetter** überdachter Freisitz | **Tipp** Im nahen Hemhofen wird auf dem Zeckerner Bierkeller gelegentlich Puppen- und anderes Theater gespielt.

62 Bieramt des Café Wanderer

Wo einstmals Pferde ihren Durst stillten

Ja, es ist so: Hunderttausende Touristen können sich irren! Der Ruf einer Schatzkammer des Mittelalters lockt sie nach Nürnberg. Dort sehen sie, was gar nicht da ist. In der Altstadt, in der bekanntlich kaum ein altes Haus steht. Die Bomberpiloten des Zweiten Weltkriegs haben ganze Arbeit geleistet, die Helden des Wiederaufbaus hernach einen Gutteil dessen abgerissen, was eigentlich noch brauchbar war.

Dass sich die Fremden in eine zwar diffuse, mit Sicherheit aber gute alte Zeit hineinträumen können, ist dem Tiergärtnertorplatz geschuldet, einem heimeligen, leicht abschüssigen Freilufttheater, auf dem ein wechselndes Ensemble das Schauspiel des Sehen-und-gesehen-Werdens permanent neu inszeniert. Beschirmt von einem der wenigen original erhaltenen Nürnberger Fachwerkhäuser, dem Wirkungs- und Wohnort des Künstlergenies Albrecht Dürer, und der Stadtmauer. Nachdem oben an der Stadtmauer 2008 ein kleiner, uralter Unterstand für Pferde frei geworden war, schufen der Gastronom Christoph Zielke und sein Kompagnon Boris Braun dort das Bierparadies schlechthin.

Boris Braun war bereits zu einer Zeit Frankens Bierpapst, als dieser Ehrentitel noch mit Bedacht verliehen wurde. Als Mitautor von Bierführern, Zeitungskolumnist und Herausgeber des heute als App vertriebenen »Brauereiatlas« ist es auch sein Verdienst, dass sich mehr und mehr Nürnberger entschieden, Industriebiere stehen zu lassen. Braun zeigte ihnen die Geschmackswunder, die draußen auf dem Land in etwa 300 Kleinbrauereien heranreiften. Auch heute schafft er für das Bieramt gut 20 handverlesene Sorten heran, darunter vier vom Hahn, die jede Woche wechseln. Wer an einem Tisch sitzen will, während er sich durchprobiert, sollte schon nachmittags kommen. An lauen Abenden ist selbst auf dem nackten Boden kein Platz mehr frei. Man spricht von Nürnbergs mediterraner Piazza. Das trifft die Atmosphäre recht genau.

Adresse Beim Tiergärtnertor 6, 90403 Nürnberg, Tel. 0162/3958220, www.cafe-wanderer.de (Bier nur im Bieramt, Kaffee und Kuchen nur im Wanderer) | **Saison/Öffnungszeiten** Bieramt: 1. März–15. April und 16. Okt.–23. Dez. Di–So ab 17 Uhr; 16. April–15. Okt. Mo ab 17 Uhr, Di–So 14–24 Uhr | **Biere** wechselnd, ausschließlich aus Franken | **Essen** Schmalzbrot und ähnliche Kleinigkeiten | **Ausstattung/Besonderheiten** abends oft Straßenmusiker | **Bei Schlechtwetter** winziger Gastraum, viele Gaststätten in der Nachbarschaft | **Tipp** Noch besser Touristen beobachten kann man nur von der Terrasse des Bratwursthäusle aus (zwischen Nürnberger Rathaus und Sebalduskirche).

63__Gutmann am Dutzendteich

Sonntags seit jeher Pflicht

Fast 400 Jahre, das ist viel für eine Pilgerstätte der Durstigen. Rechnet man die illegalen Vorgänger dazu, ist Nürnbergs berühmtestes Freiluftwirtshaus sogar noch älter. Alles begann im 13. Jahrhundert, als man draußen vor der Stadt eine Teichlandschaft aufstaute. Die zog das Volk magisch an. 1638 wurde den Fischzüchtern erlaubt, was sie seit Langem ohnehin taten: Bier auszuschenken. Parallel zum Heer der Ausflügler wuchs auch die gastronomische Vielfalt.

Der heutige Biergarten, der Gutmann am Dutzendteich, ist nur ein blasser Rest einstiger Größe. In Miniatur entspricht er exakt dem, was das Naherholungsareal in seinen besten Jahren gewesen war. Deshalb können wir auf eine Schilderung des Heimatautors Peter Luginsland von 1923 zurückgreifen. »Die halbherrschaftliche Seite umfasst den Volksgarten.« In den 1920ern saßen dort »kinderreiche Familien« und aßen »aus mitgebrachten Fresskobern«. Heute holt man sich am Imbissstand eine Currywurst. »Auf der hochherrschaftlichen Seite, auf der sogenannten Terrasse«, hingegen ist für »die Mitglieder der Eleganten Welt« reserviert. Die Besseren »schauen sich gegenseitig mit dem Ausdruck ungeschminkter Selbsthochachtung in die Augen. Dazu schlürfen sie Sorbetos oder Eiskaffee.«

Nur ein Spazierweg trennt den Volksgarten vom großen Dutzendteich. Am gegenüberliegenden Ufer mahnt die Kongresshalle, die größte Hinterlassenschaft, die sich Hitler in seine Stadt der Reichsparteitage hat hineinbauen lassen, dass der Schoß, aus dem die braune Frucht gekrochen kam, noch immer fruchtbar ist. Für Hitlers Aufmarschgelände mussten erste Teile des Ausflugsparadieses weichen. Was den Bombenkrieg überstand, fiel dem Ausbau der Ringstraße zum Opfer. Als mit dem Café Wanner der letzte Biergarten verschwinden sollte, gingen die Nürnberger auf die Barrikaden. Seit 2007 danken sie der Brauerei Gutmann, die ihn neu erblühen ließ.

Adresse Bayernstraße 150, 90478 Nürnberg, Tel. 0911/988187710, www.gutmann-am-dutzendteich.de | **Saison/Öffnungszeiten** Volksgarten mit Selbstbedienung April–circa Okt., Terrasse des Restaurants bei guter Witterung auch darüber hinaus, täglich ab 10 Uhr | **Biere** Gutmann | **Essen** Volksgarten: kalter und warmer Imbiss, Restaurant-Terrasse: günstiges Mittagessen sowie modern-fränkische kalte und warme Küche | **Ausstattung/Besonderheiten** Beach-Areal mit Strandkörben und Liegestühlen, Spielplatz, Tretbootverleih direkt am Volksgarten | **Bei Schlechtwetter** Restaurant | **Tipp** Ebenfalls an der großen Bayernstraße (der Ringstraße) lockt der Biergarten des Z-Baus – eines alternativen Kulturzentrums, das sich in einem klobigen Kasernenbau aus der NS-Zeit eingerichtet hat.

64__Landbierparadies(e)

Mein eigenes Holzfass gib mir heute

Böse Zungen werden nicht müde, Nürnberg als eine Wüste zu bezeichnen, die sich inmitten eines gelobten Landes breitgemacht hat. Gott ließ sie wachsen. Zur Strafe. Denn in den 1970/80ern stellten die Großstädter ihre Verehrung für jene Art von Bier ein, das mit Muße reifen darf. Ihr neuer Glaube galt industriell angerührten Plörren. Er ließ die einstige Vielfalt auf den Brauereikonzern Tucher schrumpfen.

Dass die bösen Zungen heute wieder ein Loblied singen dürfen, ist auch einem Genussmenschen namens Joachim Glawe zu verdanken. Aber der Mittelfranke nörgelt halt so gern! 1986 eröffnete Glawe einen Getränkemarkt, mit dessen Sortiment er seinen Mittrinkern vor Augen führte, was sie da gerade aufs Spiel setzten. Mit durchschlagendem Erfolg. Auch in seinem ersten Wirtshaus, das er 1994 in die Südstadt platzierte, bereitete er den Durstigen mit jedem Seidla ein neues Erweckungserlebnis. In den heute drei Gaststätten des Landbierparadies – bis 2011 war auch Fürth dabei – stehen ausschließlich Kreationen aus den einst verschmähten Dorfbrauereien des nahen und fernen Umlands auf der Karte. Welche, das wechselt ständig.

Wer die für Nürnberg so wertvollen Archen für traditionelle Speisen und Getränke noch nicht kennt, sollte mit der Filiale in der Sterzinger Straße beginnen. Ihr Biergarten liegt erhöht. Dadurch ist es noch ruhiger als auf einem Dorf. Nicht wundern, wenn ein Stammgast den Bierkrug vor sich hinlegt. Er bittet den Kellner um Nachschub. Der Franke hat es halt nicht so mit dem Reden. Während es auf dem Land fast keine Holzfässer mehr gibt, sind sie im Landbierparadies ganz alltäglich. Ein Detail, das großen Aufwand verursacht, denn Glawes Team muss die Gefäße erst einmal beschaffen und zum Füllen zu den Brauern hinausbringen. Bildet Gruppen, Banden, Stammtische! Wer sich fünf Liter vornimmt, bekommt so ein Holzexemplar zum Selbstzapfen hingestellt.

Adresse Sterzinger Straße 4, Tel. 0911/4334722; Wodanstraße 15, Tel. 0911/468882; Leipziger Straße 32, Tel. 0911/95699606; Getränkemarkt Galgenhofstraße 60, alle Nürnberg; www.landbierparadies.com | **Saison/Öffnungszeiten** nach Witterung, Mo–Sa ab 17 Uhr, So ab 11 Uhr; Wodanstraße Mo–Do ab 17.30 Uhr, Fr ab 14 Uhr, Sa ab 12 Uhr, So, Feiertage ab 10 Uhr | **Biere** wechselnde handverlesene Kleinbrauereien, aus dem Holzfass und der Flasche | **Essen** traditionelle fränkische Küche, warm und kalt | **Bei Schlechtwetter** Gaststube | **Tipp** Das ehemalige Fürther Landbierparadies heißt heute Bierhimmel im Hexenhäusle, braut seine Biere selbst und hat einen schönen Biergarten (Friedrich-Ebert-Straße 100, 90766 Fürth, www.bierhimmel.bayern).

65_Tucherhof

Garten der Aussöhnung

Sprachen unsere Vorfahren von einem »Moos«, meinten sie ein Stück Natur, das sich besonders hartnäckig weigerte, sich ihnen zu unterwerfen. Der Rückschluss ist zutreffend, dass der Nürnberger Stadtteil Mooshof einst aus unzugänglichen Sümpfen bestand. Er liegt südlich des Flughafens und gilt heute als Freizeitparadies für die ganze Familie. Auch dank eines Biergartens, dessen Spielplatz so raumgreifend ist, dass man die Kleinen liebend gern mal sich selbst überlässt.

Bier wird dort seit 1845 ausgeschenkt. Nachdem die Patrizierfamilie Tucher dem Königreich Bayern dessen Nürnberger Brauhaus abgekauft hatte, das fortan ihren Namen trug, gliederte sie das Gehöft in ihr Portfolio ein. Es sollte eines der Probleme lösen, das dem Wachstum zu Frankens führender Exportbrauerei im Weg stand. Das Sumpfgelände war wie dafür gemacht, um dort Teiche anzulegen. Im Winter wurde ihr Eis abgeerntet. Über den größten, den Tucherweiher, konnte man bald auch mit einem Bötchen rudern. Um 1900 eine Sensation, die Massen an Vergnügungssüchtigen aus ihren Arbeitervierteln herauslockte.

Die unübersehbare Leidenschaft, mit der die heutigen Pächter des Tucherhofs den extrem breit gefächerten Bedürfnissen ihrer Gäste nachkommen, steht in starkem Kontrast zum schlechten Ruf, den sich die Biere des Tucher-Markenkonsortiums aufgrund einer arg aggressiven Politik bei gleichzeitig anhaltendem Rückbau des Geschmacks in den vergangenen Jahrzehnten erarbeitet haben. Vom straighten Business-Typen bis zu den verkrachten Existenzen der Nürnberger Künstlerboheme, alle sollen sich hier zur Aussöhnung eingeladen fühlen. Und es funktioniert! Man muss sich lediglich den Krug mit einem Rotbier füllen lassen. Die Rekonstruktion dieses einst für Nürnberg typischen, schon im 14. Jahrhundert nachgewiesenen Trunks ist der Beweis, dass auch Konzerne ein »Wow« auslösen können, sie müssen es nur wollen.

Adresse Marienbergstraße 110, 90411 Nürnberg, Tel. 0911/5209777, www.tucherhof.de | **Saison/Öffnungszeiten** Restaurant ganzjährig, täglich ab 11 Uhr, Außenbetrieb und Volksgarten mit Selbstbedienung nach Witterung, Mo–Sa ab 16 Uhr, So ab 12 Uhr | **Biere** Tucher | **Essen** traditionelle und moderne kalte und warme Küche, Kaffee und Kuchen | **Ausstattung/Besonderheiten** regelmäßig Gratis-Pop/Rock-Konzerte und (auch im Winter) Events | **Bei Schlechtwetter** wenige überdachte Sitzgruppen, Gastraum | **Tipp** Im Nürnberger Stadtteil Johannis sitzen – nicht nur – die in die Jahre gekommenen Heroen der alternativen Szene den Sommer über im Garten der ehemaligen Desinfektionsanstalt, der DESI, zusammen.

66_Held Bräu

Im Tal der unbesiegten Ritter

Nirgendwo in der Fränkischen Schweiz dürften sich dereinst so viele Ritter eine Burg gebaut haben wie im Einzugsgebiet des Ailsbachs, eines Gewässerchens, das sich unweit von Pottenstein ein langes Tal in den Kalkstein gegraben hat. Vielleicht weil die schroffe, abgelegene Gegend mit Höhlen durchsetzt ist, den Wohnstuben der Drachen. Wenn die edlen Recken in ihren jungen Jahren ihre Hausaufgaben gemacht, als Knappen brav ihr »Nibelungenlied« gelesen hatten, wussten sie: Wer so ein Untier in einer Badewanne ausbluten lässt und dann nackig in die noch körperwarme Brühe abtaucht, wird von da an unverwundbar sein.

Wie von fast allen dieser Burgen ist auch von der stolzen Festung, die sich am Rand des Dorfs Oberailsfeld erhob, nicht viel mehr geblieben als das Wissen, dass es sie gegeben haben muss. Und das Logo einer Landbrauerei, in deren rustikalem Biergarten spätnachmittags alle zusammenkommen, die jetzt hungrig sind, weil auch sie ihr persönliches Sonntagsabenteuer bestanden haben. Es zeigt den Helden der Stunde: einen Ritter aus dem lokalen Herrschergeschlecht der von Rabenstein. In voller Montur steht er bereit, alles abzuwehren, was den Genuss des typischen Hausgebrauten und eines ordentlichen Stücks vom Schwein mit Kloß und Soß trüben könnte. Man wird, in Frankens Biergärten die Ausnahme, sogar bedient. An verregneten Tagen rutschen die Gäste unter einem saalgroßen Freisitz zusammen.

Als die Familienbrauerei 1680 gegründet wurde, war die Oberailsfelder Burg bereits eine Ruine. Sie lag am anderen Ende des lang gezogenen Dorfs. Um die vier Burgen der Nachbardörfer anhand ihrer mehr als spärlichen Reste zu identifizieren, muss man ebenfalls Experte sein. Egal, denn die Auswahl an Kletterfelsen, Wanderwegen und kurvigen Motorradstrecken ist im Ailsbachtal noch reichhaltiger als die Speisekarte dieses urtypischen, bäuerlich gemütlichen Sommerwohnzimmers.

Adresse Oberailsfeld 19, 95491 Ahorntal-Oberailsfeld, Tel. 09242/295, www.held-braeu.de | **Saison/Öffnungszeiten** Gasthaus ganzjährig, Biergarten nach Witterung, Mo, Di, Fr–So ab 10.30 Uhr | **Biere** eigene Brauerei | **Essen** traditionelle kalte und warme Küche | **Ausstattung/Besonderheiten** überdachte, aus alten Sudwerken montierte Sitzinseln für kleine Gruppen | **Bei Schlechtwetter** großer überdachter Freisitz, Gasthaus | **Tipp** In der Pulvermühle, einer Einöde bei Waischenfeld, versteckte sich das exzentrische Schachgenie Bobby Fischer über Monate vor der Öffentlichkeit. Die Ferienpension mit Biergarten mag nicht wirklich schön sein, ist aber legendär.

67__Grüner Felsenkeller

Das Troja von Fürth

Weil sich die beiden Städte spinnefeind sind, gelten den Fürthern natürlich auch die Biere von Tucher als echtes Nürnberger Übel. Dem Braukonzern ist es dennoch gelungen, ihnen seinen Gerstensaft unterzuschieben. Mit demselben Trick, mit dem schon die Griechen Troja eroberten. Statt eines hölzernen Pferdes zimmerte er sich die Geschichte zurecht, dass da jemand zufällig über das Rezept jenes legendären Biers der 1977 eliminierten Fürther Brauerei Grüner gestolpert sei, dem jeder, der es kannte, noch immer nachweint.

Einer der Kollateralschäden, den die 2011 wiederbelebte Marke Grüner für ihren Siegeszug gern in Kauf nahm, besteht in dem Glauben vieler Fürther, dass sie auf den historischen Spuren ihres neuen Lieblingstrunks wandeln, wenn sie ihren einzigen echten Bierkeller besuchen. Erreichen kann man den Grüner Felsenkeller nur zu Fuß. Er versteckt sich tief im Fürther Stadtwald. Ein gar herrliches Plätzchen! Man sitzt vor einem 150 Jahre alten Haus mit einem seltsam ausgeformten Dach, in dem früher Hopfen gelagert wurde. Man sammelt, solange der beste Spielplatz überhaupt, der Wald, die Kinder beschäftigt, frische Kräfte. Denn man will mit ihnen noch den Hang hinterm Haus hinauf. Am Eingang zum uralten Lagerstollen vorbei. Zu den Steinbrüchen, aus denen stammt, woraus die Stadt gebaut ist.

Zumindest die Alten wissen noch, dass das Idyll zu seinen Hochzeiten Waldschänke am Felsenkeller hieß. Das älteste der namensgebenden Bauwerke, der Stollen, wurde bereits 1852 in den Untergrund geschlagen. Von der Gräflich Pückler-Limpurg'schen Brauerei aus Burgfarrnbach. Mit der historischen Brauerei Grüner stand das Areal nie in einem Zusammenhang. Wer den echten Keller des einstigen Traditionssudhauses sucht, wird beim Fürther Klinikum fündig. Eines noch: Obwohl man es überall liest, gehört der Grüner Keller nicht zu Burgfarrnbach, er liegt auf Oberfürberger Gebiet.

Adresse Sperberstraße 199, 90768 Fürth, Tel. 0911/7520621, www.gruener-felsenkeller.de, nächstgelegene Parkmöglichkeit Wachendorfer Weg, nur zu Fuß oder per Rad erreichbar | **Saison/Öffnungszeiten** Gasthaus ganzjährig, Biergarten Mitte April–Sept., während der Saison Fr, Sa, So, Feiertage ab 11 Uhr, sonst nur So 12–19 Uhr | **Biere** Tucher (inkl. Grüner) | **Essen** Brotzeiten, Kleinigkeiten vom Grill | **Ausstattung/Besonderheiten** Wasserfass-Tränke für Hunde, Pferde willkommen | **Bei Schlechtwetter** Gastraum | **Tipp** Der am Rand des Fürther Stadtteils Burgfarrnbach gelegene Biergarten Obstgärtla hält, was sein Name verspricht.

68 Waldgaststätte Friedrichsruh

Vom Segen der Stammtische

Wir kommen nicht darum herum, uns mit unschönen Wörtern zu beschäftigen. Ein Beispiel: Wer seinen Nachbarn einen Kümmeltürken heißt, darf sich nicht wundern, dass er im Biergarten allein sitzt. Es sei denn, er hat sich auf ein Seidla in jene Kleinstadt aufgemacht, deren Name frühpubertäre Flegel in Versuchung führt, sich verbalakrobatisch zu blamieren. Nach Oberkotzau also – in die Friedrichsruh, einen etwas versteckt gelegenen Waldbiergarten, der seit über einem Jahrhundert beweist, dass ein Weniger an Schnickschnack ein Mehr an Erholung bringt. Einfache Tische und Bänke. Im Schatten großer Bäume. Für den kleinen Hunger Bratwurst vom Grill. Wer ein Loch im Bauch hat, lässt sich im separaten Bedien-Bereich herrlich bodenständige Hausmannskost auftischen. Futtern wie bei Großmuttern. Die Kinder ins Unterholz geschickt, wo sie die Natur sinnvoller zu beschäftigen versteht als jeder pädagogisch noch so wertvolle Spielplatz.

Einem Kreis von Kümmeltürken ist es zu verdanken, dass dieses Kleinod der einfachen Freuden nicht in den Stürmen der Zeit versunken ist. Zigfach fielen die Vandalen in das jederzeit frei zugängliche Paradies ein. So oft, dass der Verein, der sich seit 1906 um die Friedrichsruh kümmert, immer wieder ans Aufgeben dachte.

Das Wort Kümmeltürken, das muss an dieser Stelle aufgeklärt werden, wurde bereits im 18. Jahrhundert erstmals in den Mund genommen. In Halle, wo man Kümmel anbaute und sich von der Politik so vergessen fühlte, als lebte man in der Türkei. Bis sich die BRD Gastarbeiter holte, waren die Kümmeltürken jene Mitbürger, die es zu Wohlstand gebracht hatten, obwohl sie ihren öden Heimatort nie verlassen hatten. 1927 machte ein Oberkotzauer Stammtisch namens »Kümmeltürkn-Ruh« erstmals ein schönes Sümmchen locker, von dem eine erste Wirtshütte realisiert werden konnte.

Adresse Reuthstraße 25, 95145 Oberkotzau, Tel. 09286/6212, www.gaststaette-friedrichsruh.de | **Saison/Öffnungszeiten** Gasthaus ganzjährig, Biergarten nach Witterung, Di, Do–Sa ab 14 Uhr, So ab 10 Uhr | **Biere** Scherdel | **Essen** bodenständige warme und kalte Küche | **Ausstattung/Besonderheiten** Spielplatz, am 21. Dezember Sonnwendfeier | **Bei Schlechtwetter** Gastraum | **Tipp** Im nahen Dörfchen Fattigau wird noch gebraut. Die exquisiten Kreationen der Schlossbrauerei schmecken im dortigen Biergarten, dem Braukeller, besonders gut.

69__Geyers Felsenkeller

Da hast du aber echt Schwein gehabt

Soll die Sonne doch auf alles einstechen, was auf Erden kreucht und fleucht. Der Franke weiß sich zu schützen. Er zieht sich unter eine Linde zurück, deren dichte Krone noch jede ihrer Attacken pariert hat, und freut sich, dass sich auf der Brotzeitplatte mehr Wurst stapelt, als in seinen Magen passt. Dank Rettungsinseln wie dem Felsenkeller der Brauerei Geyer bedeutet eine Hitzewelle keine Einschränkung des Wohlgefühls. Und dennoch hört man auch dort immer wieder jemanden über sommerbedingte Entzugserscheinungen klagen.

Oberreichenbach liegt im Hinterland des Sportschuh-Mekkas Herzogenaurach – in einer Landschaft, bei der der Herrgott endlich auch einmal an jene Fahrradfahrer gedacht hat, die Hügel, aber keine Berge wollen. Das kleine, etwas außerhalb des Dorfs über einem uralten Lagerstollen angelegte Freiluftgasthaus hat sich die Weisheit zu eigen gemacht, dass weniger mehr ist. Maximal einfach und bodenständig. Dadurch maximale Entspannung und Entschleunigung. Das Ausschank- und Küchenhaus ist zweckdienlich, ebenso die Sitzmöblierung. Die Spiel- und Freilaufmöglichkeiten für die Kinder hingegen sind großzügig bemaßt, weshalb die Bälger mit sich selbst beschäftigt sind, statt zu quengeln.

Von den Entzugserscheinungen betroffen sind vorwiegend Männer im mittleren und fortgeschrittenen Alter, deren Cholesterinwerte besser sein könnten. Sie sind voll der Hoffnung gekommen, dass eine uralte Tradition vorübergehend außer Kraft gesetzt ist und der Bräu eine Tafel aufgestellt hat, auf der das magische Wort »Schlachtschüssel« steht. Geyers Felsenkeller zählt zu den wenigen Genusstempeln, in denen es dieses fränkische Urgericht gelegentlich auch in jener Jahreszeit gibt, in der es für eine Hausschlachtung eigentlich zu warm ist. Es besteht aus frischer Blut- und Leberwurst, gekochtem Bauch und etwas Kraut, die Termine werden auf der Homepage bekannt gegeben.

Adresse Tanzenhaider Weg, 91097 Oberreichenbach, Tel. 09104/2802, www.brauereigasthof-geyer.de | **Saison/Öffnungszeiten** ab 20 Grad circa Mitte April–Sept. Mo–Fr ab 17 Uhr, Sa ab 15 Uhr, So ab 11 Uhr | **Biere** eigene Brauerei | **Essen** traditionelle Brotzeiten mit Wurst aus eigener Schlachtung, kleine warme Gerichte, Tagesgerichte | **Ausstattung/Besonderheiten** viele Spielmöglichkeiten, Fußballwiese, Schnäpse aus der eigenen Brennerei | **Bei Schlechtwetter** Gasthaus in der Ortsmitte | **Tipp** Wie in jeder Stadt in Franken gibt es auch im nahen Herzogenaurach historische Lagerstollen. Auf zwei von ihnen, dem Heller-Keller und dem Ansbacher-Tor-Keller, wird den Sommer über Bier ausgeschenkt.

70_Tommy's Biergarten

Es wuchs ein Dorf im Dorf

Viele haben schon danach gesucht. Vergeblich. Aber die Wissenschaft ist sich sicher: Es muss es geben! Ein Gen, das den Menschen darauf programmiert, Balken, Bretter und Steine zusammenzutragen, um sich dort, wo sich noch keiner niedergelassen hat, eine Hütte zusammenzunageln, ein Dorf zu gründen. Anders ist der Erfolg des Computerspiels »Die Siedler« nicht zu erklären. Und die ungebrochen hohe Beliebtheit eines seiner realen Pendants.

1999, sechs Jahre nachdem »Die Siedler« auf den Markt gekommen war, übernahm ein Mann, den jeder nur als Tommy kennt, das elterliche Wirtshaus – die in Obersteben, einem 1971 in die Kurgemeinde Bad Steben eingegliederten 320-Seelen-Dörfchen, gelegene Gaststätte Neuners. Anstatt sein Erbe baulich aufzuhübschen, beschloss Thomas Rank, den Sommer über mit seinen Gästen auf die Wiese umzuziehen. Als Erstes entstand ein Podest mit herrlicher Aussicht über das breite sattgrüne Tal des Pfarrbachs – das als Zweites ein Dach aufgesetzt bekam, denn wer will schon, dass man den Platz räumen muss, nur weil sich ein Schauer ankündigt. Tommy's Biergarten wuchs. Und wurde mit immer mehr Klimbim ausdekoriert, einem Damenstrumpfhosen-Automaten zum Beispiel, der in den 1950ern zum Ärger des Pfarrers neben einer Kirche hing. Sittenverderbnis! Teufelszeug!

Weit über drei Millionen Mal soll sich »Die Siedler« bis heute verkauft haben. Ganz so viele Seidla dürften in Tommy's Biergarten nicht in den Krug und weiter durch die Kehle gewandert sein. Zum Glück! Denn obwohl sich die Hangwiese am Ortsrand von Obersteben heute als Labyrinth aus sonnenverwöhnten Terrassen, schattigen Freisitzen und wetterfesten Hütten präsentiert, ist sie immer ein Geheimtipp, ein Paradies für Insider geblieben. Im Gegensatz zum Spiel »Die Siedler« sollte Tommys versteckter Biergarten jenen vorbehalten sein, die die Mundpropaganda für würdig hält. Webseite – gibt es deshalb nicht.

Adresse Bachwiesenstraße 44, 95138 Bad Steben, Tel. 09288/5286 | **Saison/Öffnungszeiten** 1. Mai – Mitte Okt. täglich außer Mo ab 17 Uhr | **Biere** Leikeim, Budenschuster | **Essen** kalte und warme Brotzeiten, Kaffee und Kuchen | **Ausstattung/Besonderheiten** Trampolin für Kinder, Fußballwiese | **Bei Schlechtwetter** viele überdachte Freisitze, beheizbare Hütten | **Tipp** Das älteste Wirtshaus der Region Bad Steben ist die Adelskammer, ihre Terrasse ist im Sommer der lebendige Mittelpunkt des Dorfs Carlsgrün.

71_Die Alm

Prinz oder Prediger, das ist hier die Frage

Frühjahr 1530. Sachsens Kurfürst bricht gen Augsburg auf, denn der Kaiser hat zum Reichstag gerufen. Einer seiner Reisegefährten lässt es sich nicht nehmen, den allmorgendlichen Gottesdienst für eine Predigt zu nutzen. Auch am 15. April, an dem man Coburg erreichen will, wo man Martin Luther zurücklassen wird. Unterwegs dürfte sich der Tross ein paar Biere genehmigt haben. Und zwar dort, wo der Grosch auch heute dafür sorgt, dass niemand durstig bleibt. In Oeslau, einem Ortsteil von Rödental und heimlichen Hotspot der Geschichte.

Der spätestens 1492 gegründete Brauereigasthof Grosch stellt historisch interessierte Ausflügler mit gleich vier Reminiszenz-Bieren vor die Qual der Wahl, wem man seine Zuneigung schenken will. Wo heute – gleich hinterm Wirtshaus – der Bahnhof liegt, passierte zu Luthers Zeit die Fernstraße Nürnberg–Leipzig eine Furt. Der Fuhrmannstrunk, ein intensiv gehopftes Dunkles, huldigt den fahrenden Händlern. Aber auch auf den Reformator lässt sich anstoßen. Ein süßes Unfiltriertes ist nach ihm benannt.

Die Renovierung der 1848 beinahe abgebrannten Kirche an der Furt finanzierte niemand Geringerer als die Regentin des Britischen Empires. Zum Dank hat der Grosch sein 2019 kreiertes, spritziges, federleichtes Helles nach ihr benannt. »Wäre ich nicht, was ich bin, hätte ich hier mein wirkliches Zuhause«, schwärmte Queen Victoria, die 1845 in die Heimat ihres Gatten gereist war, des auf Schloss Rosenau bei Oeslau geborenen Albert von Sachsen-Coburg und Gotha. Läuft man vom Bahnhof aus um das Braugasthaus herum, weist schnell ein Schild zum Biergarten Die Alm. Er versteckt sich hinten am Eingang zum Schlosspark, einem englischen Landschaftsgarten par excellence. Hier, wo die Oeslauer den Alltag abschütteln, hat noch jeden Gast die Lust gepackt, sich auch so einen Prince Charming anzulachen. *Oh my dear! So lovely*, das Grosch Prinz Albert Pils …

Adresse Rosenauer Weg, 96472 Rödental-Oeslau, Tel. 09563/7500, www.der-grosch.de | **Saison/Öffnungszeiten** Die Alm: circa Ende April–circa Okt. Mi–Fr ab 16 Uhr, Sa, So ab 14 Uhr; Schloss Rosenau: April–4. Okt. täglich außer Mo 9–18 Uhr, 5. Okt.–März 10–16 Uhr | **Biere** eigene Brauerei | **Essen** fränkische Brotzeiten, warme Küche | **Ausstattung/Besonderheiten** Spielplatz | **Bei Schlechtwetter** Braugasthaus | **Tipp** Die City-Sommer-Oase des nahen Coburg, der Prinzen- alias Josiasgarten, liegt – leider etwas eingezwängt – zwischen dem Theater und der zentralen Sammelhaltestelle der Stadtbusse.

72__Schrauder Keller

Der Tempel des Erleuchteten

Weil er sie als Teil seiner kulturellen Identität empfindet, pflegt der Franke seine Vorurteile mit derselben Inbrunst und Gewissenhaftigkeit, mit der ein Museumsrestaurator altes Silberbesteck poliert. Die Bewohner von Pettstadt zum Beispiel. Seit einer von ihnen, der Schmied Sebastian Schubert, die tief in der Nacht erfolgte Anweisung der Gendarmerie, das Wirtshaus endlich zu verlassen, mit den Worten quittierte: »Des mach ich, wie ich mooch«, gelten sie als Eigenbrötler. Um 1900 wurde er dafür vor das Amtsgericht gezerrt. Und freigesprochen.

Pettstadt stört sich nicht an seinem zweifelhaften Ruf. Man hegt und pflegt ihn sogar. Bis heute besteht der südlich von Bamberg gelegene Ort auf das ihm im Mittelalter verliehene Privileg, jedermann für einen kleinen Obolus mit einer Fähre über die Regnitz überzusetzen. Fußgängern werden für die Passage 50 Cent abgeknöpft.

Der Pächter des Schrauder Kellers wiederum hat dem katholischen Herrgott das Vertrauen entzogen und ihn durch Buddha ersetzt. Statuen des Erleuchteten und die in den Tempeln Südostasiens allgegenwärtigen Opferschälchen und Kunstblumengirlanden zieren das von alten Linden beschattete dreidimensionale Labyrinth aus Treppen und Terrassen. Fisch kommt dort nicht wie auf den anderen Kellern am Freitag auf den Grill, an dem der gläubige Christ auf Fleisch zu verzichten hat, sondern am Donnerstag.

Das nach der 1991 stillgelegten Brauerei Schrauder benannte Prachtexemplar eines traditionellen Sommerkellers liegt nördlich des Orts an einer Kreuzung, eine Fahne weist den Weg. Sobald sich die Augen an die quietschbunten Devotionalien gewöhnt haben, sollten sie nach einer Tafel Ausschau halten, auf der das Wort »Auszogene« steht. Die rustikale Spezialität ist vom Aussterben bedroht. Auszogene sind eine marmeladefreie Ganzjahres-Urversion des Faschingskrapfens. Traditionell werden sie in Schweineschmalz ausgebacken.

Adresse nördlich von Pettstadt an der Kreuzung der Straßen nach Frensdorf, Stegaurach und Bamberg, Tel. 0151/43694030; die Pettstadter Fähre verkehrt von Anfang März–Ende Okt. täglich 9–19 Uhr | **Saison/Öffnungszeiten** circa April–Okt. Mo–Sa ab 11 Uhr, So ab 10 Uhr | **Biere** Löwenbräu Buttenheim | **Essen** traditionelle Brotzeiten, wechselnde warme Gerichte, Donnerstag gegrillter Fisch, Sonntag gegrilltes Hähnchen | **Ausstattung/Besonderheiten** Spielplatz | **Bei Schlechtwetter** kleine Gaststube | **Tipp** Fährt man von Pettstadt aus am Schrauder Keller vorbei Richtung Stegaurach, ist man in weniger als zwei Minuten im winzigen Dorf Höfen angelangt – und damit im urigen Biergarten des Gasthauses Melber.

73_Pflugsmühle

Manchmal braucht es eine kalte Dusche

Es dürfte nur sehr wenige Orte mit mehr Freizeitattraktionen als Einwohnern geben. Im Fall von Pflugsmühle, einem – der Name sagt es – um eine Mühle entstandenen Weiler im Norden des Fränkischen Seenlands, stehen 19 Personen folgenden Möglichkeiten gegenüber, ihr Wochenende spaßvoll zu vergeuden: Fahrradmuseum, 27-Loch-Golfplatz mit Club, 6-Loch-Golfplatz für jedermann, Fußballgolf, Minigolf, Swingolf, Buggy-Racing-Natursandbahn, Ponyreiten, Westernreiten, Pferdepension, Wandern entlang der Fränkischen Rezat. Durch ein Landschaftsschutzgebiet. Was fehlt? Angeln. Die romantische historische Mühle selbst.

Und dann wäre da noch ein Biergarten mit einem legendären Ruf, der (Nummer 17) mit einer betörenden Aussicht gesegnet ist, sein Brot (Nummer 18) selbst im Holzofen bäckt und für Kinder (Nummer 19) einen Spielplatz angelegt hat, neben dem in einer Schau-Voliere allerlei Flattertiere unermüdlich nach Körnern scharren. Voila! Zugegeben: Das letzte große bauliche Update war seinem Charme nicht wirklich zuträglich. Vorne, wo die Aussicht übers breite Tal am besten ist, versucht eine Holzbohlen-Terrasse, Ausflügler mit jener Spielart urbanen Einheitsstyles zu beeindrucken, die uns reflexartig einen Caffè Latte bestellen lässt. Es fehlen halt Originalität, Patina – und vor allem Schatten. Auch am Ausschankhaus können wir all die Baumarkt-Trends ablesen, die uns die Werbeclip-Staffel »Dein Stolz – dein Projekt« als zeitlos verkaufen wollte. Egal. Denn man muss sich ja nur in den Volksbereich zurückziehen, den unangetasteten, auf zwei Ebenen angelegten, von Bäumen beschatteten hinteren Teil mit Selbstbedienung. Hier ist es, wie es sich gehört: chicfrei einfach und dadurch urgemütlich.

Jetzt hätten wir fast die Nummer 20 und damit die vielleicht wichtigste Attraktion vergessen. Dieser Biergarten hat eine Dusche! Wird von Fahrradfahrern gern in Anspruch genommen.

Adresse Pflugsmühle 1b, 91183 Abenberg-Pflugsmühle, Tel. 09873/97980, www.pflugsmuehle.de | **Saison/Öffnungszeiten** Scheune ganzjährig, Biergarten nach Witterung, im Sommer Mo–Fr ab 13 Uhr, Sa ab 11 Uhr, So ab 10 Uhr, im Winter Do, Fr ab 17 Uhr, Sa ab 14 Uhr, So ab 11 Uhr | **Biere** Spalter | **Essen** traditionelle Brotzeiten, kleine Auswahl warmer Gerichte, hausgemachtes Eis | **Ausstattung/Besonderheiten** Spielplatz, Voliere mit Hühnern, Gänsen und Co., Fahrradmuseum (Öffnungszeiten auf www.der-radsherr.de), Familien-Attraktionen, Pferdehof (www.pflugsmuehle.com), Golf-Club (www.golfclubabenberg.de) | **Bei Schlechtwetter** Scheune | **Tipp** Das Fränkische Seenland ist mit Biergärten nur so gespickt, von denen freilich nur ganz wenige Charme entfalten. Deshalb ist die Region in diesem Buch kaum vertreten. Als die Gewässer künstlich angelegt wurden, pflügte man gewachsene Erholungsoasen unter; neu angelegte Gaststätten brauchen noch, um Patina zu entwickeln.

74_Bruckmayers Biergarten

Franken gehört halt doch zu Italien

Pottenstein, ein von Felshängen eingekesselter Luftkurort im Osten der Fränkischen Schweiz, hätte den auf die Kombination aus Romantik, Natur und Erlebnis programmierten Städtern viel zu bieten, die an den Sommerwochenenden über die Autobahn Nürnberg–Berlin in das schroffe Himmelreich der Kletterer, Wanderer und Mountainbiker einfallen. Aber welcher Ort in der von Höhlen durchsetzten Miniaturausgabe der Schweizer Alpen, die hier ihrem Namen alle Ehre macht, hat das nicht? Deshalb fungiert die idyllische Sammlung barocker Bürger- und Fachwerkhäuschen vor allem als Hafen, in dem die Ausflügler nach bestandenem Abenteuer vor Anker gehen – glücklich, durstig und erschöpft.

Es ist keineswegs abwegig, den Biergarten, den die alteingesessene Wirtsfamilie Bruckmayer 1996 am Rand des engen Ortskerns eröffnete, als eine Marina zu bezeichnen. Zumal er an einem Ufer liegt, dem des Flüsschens Püttlach, in dem schon so mancher seine wund gelaufenen Füße gekühlt hat, und seine vielen Sonnenschirme Gardasee-Flair verbreiten. Die Kinder beschäftigt wissen, damit die Erwachsenen endlich in aller Seelenruhe die Beine lang machen können? Bruckmayers Biergarten liegt Zaun an Zaun mit einem Minigolfplatz. Schnell mal ins Wasser springen? Das Familienbad Juramar mit seiner 53 Meter langen Röhrenrutsche ist nur einen Steinwurf entfernt.

Und wie in der Perle des Gardasees, dem schon von Goethe bestaunten Dorf Malcesine, dürfen sich auch in Pottensteins Sommeroase die Augen an einer Burg weiden, die verwegen von einem Felsen herunterlächelt. Statt eines großen Dichters weilte dort sogar eine Heilige. Unfreiwillig. Im April des Jahres 1228 ließ die Äbtissin Mechthild von Kitzingen die Schutzpatronin all jener, die stets zu wenig Euro auf dem Konto haben, dorthin verschleppen, die verwitwete Elisabeth von Thüringen. Die weigerte sich, Kaiser Friedrich II. zu heiraten – und konnte fliehen.

Adresse Am Stadtgraben 1, 91278 Pottenstein, Tel. 09243/924450, www.bruckmayers-pottenstein.de; die Burg Pottenstein kann im Sommer besichtigt werden, www.burgpottenstein.de; Juramar: Mo, Di und Do–Sa ab 13 Uhr, Mi ab 8 Uhr, So und Feiertage ab 10 Uhr | **Saison/Öffnungszeiten** nach Witterung, März–Okt. täglich außer Di ab 12 Uhr | **Biere** lohngebrauter Haustrunk, Weismainer | **Essen** traditionelle kalte und warme Küche | **Ausstattung/Besonderheiten** Spielplatz | **Bei Schlechtwetter** überdachter Freisitz | **Tipp** Die zwei Handwerksbrauereien Pottensteins, Hufeisen und Mager, bewirten ihre Gäste auch im Freien.

75 Landgasthof Hummel

Arche für einen kulinarischen Klassiker

Fränkische Sonntagsküche in ihrer originalen Ausprägung, ein Stück vom Schwein also, außen kross und innen so mürbe, dass es ganz von selbst vom Knochen fällt, dieses Versprechen lockt die Städter in das Tal des Mains nördlich von Bamberg – und dort speziell nach Prächting. Das uralte, von einer schmucken Kirche beschirmte Dörfchen hält es seit 1634 wie Oskar Matzerath, die Hauptfigur aus Günter Grass' Roman »Die Blechtrommel«. Damals beschloss es, nicht mehr zu wachsen. In Anbetracht all der Schlechtigkeit, zu der die Welt da draußen fähig ist. Zwar baute man den von den Schweden zerstörten Ort wieder auf. Aber nur für 350 Bewohner. Nicht mehr und nicht weniger lebten dort im 18. und 19. Jahrhundert – und leben dort auch heute.

Man weiß, dass 1634 auch jener Bauernhof ein Raub der Flammen wurde, den die Familie Hummel 1896 als Dorfgasthaus und Einkehr für Wallfahrer und andere Tagesreisende übernahm. Obwohl die Hummels schon seit 1966 nicht mehr selbst brauen und sich 1987 gezwungen sahen, das in die Jahre gekommene Gemäuer durch einen komfortablen Neubau zu ersetzen, reicht ihr guter Ruf bis München, Frankfurt, ja sogar bis Berlin. Davon zeugen die vielen Autos, die sich zu den Hauptessenszeiten einfinden.

Vom Radikalumbau verschont blieb der Biergarten hinterm Haus, ein Prachtstück bayerischen Typs – mit einfachen Garnituren also, gekiestem Boden und, der entscheidende Unterschied, mit einem alten Kastanienbestand. Er fasst so viele Gäste, wie in Prächting zu Hause sind.

Wichtig zu erwähnen ist der Nachtisch. Es gibt einen vom Aussterben bedrohten Klassiker, gebackene Apfelringe mit Zimt und Zucker, in Franken Apfelkräpfla genannt. Mit dem Wagner aus Merkendorf liegt eines der letzten echten ungespundeten Biere am Hahn, ein helles Lager, das kaum Kohlensäure mitbringt und das deshalb einfach nur rinnt, rinnt und rinnt. Mehr Regionalkulinarik geht nicht.

Adresse Prächtinger Hauptstraße 6, 96250 Ebensfeld-Prächting, Tel. 09573/3033, www.landgasthof-hummel.de | Saison/Öffnungszeiten Gasthaus ganzjährig, Biergarten nach Witterung, Mi–Sa ab 16 Uhr, So, Feiertage ab 11 Uhr | Biere Wagner (Merkendorf), Rauchbier von Spezial | Essen traditionelle fränkische Sonntagsküche, Brotzeiten | Ausstattung/Besonderheiten großer Spielplatz | Bei Schlechtwetter Gastraum | Tipp Im benachbarten Ebensfeld gibt es noch immer zwei Brauereien – und einen über einem unterirdischen Lager entstandenen, unverfälscht fränkischen Biergarten, den Engelhardt's Keller.

76_Pretzfelder Keller

Fast schon unerreichbar (gut)

Wie alles so hat eine perfekte Erreichbarkeit auch ihre Schattenseiten. Ebermannstadt zum Beispiel, das Einfallstor in die Fränkische Schweiz, wurde deshalb auch von weniger liebsamen Gästen heimgesucht. Von der Armee Napoleons, die 1796 auf ihrem Weg zum nächsten Schlachtfeld ungefragt Quartier nahm und jede noch so gut vor ihr versteckte Habe zu requirieren vermochte. Es verwundert also nicht, dass sich die Brauer und Bauern aus dem Nachbarort Pretzfeld einen besonders schlecht zugänglichen Platz aussuchten, um ihre Vorräte einzulagern. Ihre ab Mitte des 19. Jahrhunderts in rekordverdächtiger Anzahl angelegten Felsenkeller liegen nicht nur ein gutes Stück außerhalb. Sie konzentrieren sich obendrein auf einem Berg, auf den es für einen Ochsenkarren doch etwas arg steil hinaufgeht.

Insgesamt sind es 30 Keller, die sich zu beiden Seiten eines Hohlwegs aneinanderreihen – und eines ist sicher: Noch während man das weitläufige, zerklüftete Areal durchstreift, möchte man gläubig werden, denn nur dann darf man sich beim Herrgott dafür bedanken, dass einer von ihnen bewirtschaftet wird. Er ist herausragend. Ein Spitzenhighlight. Selbst für das mit sensationellen Freiluftstuben gespickte Oberfranken. Eine Meisterschöpfung der Einfachheit, die ja Leonardo da Vinci zufolge »die höchste Stufe der Vollendung« ist.

Man sitzt auf einer Lichtung – neben der der Berg fast senkrecht abfällt. Die Tische stehen bis vor zur Kante. Geschätzte drei Kirchturmhöhen tiefer macht sich der Marktflecken Pretzfeld breit, von dessen Anblick sich das Auge nicht lösen will. Wer es lieber einsam haben will, zieht sich mit seinem Seidla in den Wald zurück, der mit reichlich Sitzgelegenheiten möbliert ist. Ob dieser mehr als grandiosen Kulisse will man dem Pretzfelder Keller gern verzeihen, dass sich andere mehr Mühe geben, was das Bier – Mönchshof – und die Auswahl bei den Speisen betrifft.

Adresse Parkplatz an der Straße von Pretzfeld nach Ebermannstadt, von dort 500 Meter zu Fuß, Tel. 0175/1645863, www.pretzfelderkeller.de | **Saison/Öffnungszeiten** April–Anfang Okt. Fr, Sa ab 16 Uhr, So, Feiertage ab 11 Uhr | **Biere** Mönchshof | **Essen** traditionelle Brotzeiten, kleine warme Gerichte, Sonntagmittag Schäufele und Co. | **Ausstattung/Besonderheiten** großer Spielplatz, Fußballwiese (Fußball wird ausgeliehen) | **Bei Schlechtwetter** überdachter Freisitz | **Tipp** In Pretzfeld gibt es eine äußerst empfehlenswerte Brauerei, die im Sommer Tische in den Hof hinausstellt, den Nikl Bräu.

77__Gutsschenke Burg Rabenstein

Viel schöner als bei Königs

Eine Schachfigur mit Krone ist das Wegzeichen eines Wanderwegs durch den Nordosten der Fränkischen Schweiz, der zu den erlebnisreichsten Offroad-Pfaden Bayerns, ja ganz Deutschlands zu zählen ist. Obwohl der schlicht Panoramaweg genannte Rundkurs nur 3,5 Kilometer lang ist, sollte man einen ganzen Tag für ihn einplanen. Denn die Abfolge spektakulärer Ausblicke, romantischer Hinterlassenschaften unserer Urahnen und sensationeller Naturdenkmäler ist so dicht, dass sie sich quasi die Klinke in die Hand geben. Weshalb sich die Laufzeit von nur einer Stunde ins schier Unendliche ausdehnt. Obendrein ist gleich das erste und zugleich letzte Highlight einer der schönsten Biergärten, die sich in die Weiten der fränkischen Wälder abducken.

Wandern wir den Rundkurs einfach mal ab, um Appetit auf das zu machen, was uns beiderseits des schroffen oberen Ailsbachtals erwartet. Direkt am Startpunkt, dem Biergarten: eine Falknerei, die bei ihren Flugvorführungen zwölf Greifvögel in den Himmel schickt, und die Burg Rabenstein selbst, die besichtigt werden kann. Nachdem etliche bizarre Felsformationen das Auge erfreut haben, die erste Höhle, das frei zugängliche Schneiderloch. Nur 500 Meter weiter will die Ludwigshöhle erkundet werden, in der es sich Steinzeitmenschen gemütlich gemacht hatten. Mit der Sophienhöhle folgt eine der schönsten Tropfsteinhöhlen Deutschlands. Dem bayerischen König Ludwig I. hätte sie sicher gefallen.

Als der Monarch am 23. Juni 1830 mit seiner Gemahlin Therese auf Rabenstein weilte und den eigens für diesen Besuch angelegten Traumpfad einweihte, gab es die Armada der in einem Hain uralter Buchen postierten Bierzeltgarnituren aber halt leider noch nicht. Auch war die Sophienhöhle damals noch nicht entdeckt. Freiluftseidla mit Brotzeit statt steifen Festbanketts. Da haben wir es heute besser.

Adresse Rabenstein 33, 95491 Ahorntal-Rabenstein, Tel. 09202/9700440, www.burg-rabenstein.de; Infos zu den Falkner-Vorführungen und Besuchszeiten der Burg und der Sophienhöhle ebenfalls auf dieser Webseite | **Saison/Öffnungszeiten** Ende März–Anfang Nov. täglich außer Mo ab 11 Uhr | **Biere** Mönchshof | **Essen** kalte und warme Gerichte, von traditionell über Pommes bis zu Salat, Kaffee und Kuchen | **Ausstattung/Besonderheiten** Spielplatz | **Bei Schlechtwetter** Gasthaus | **Tipp** Im Biergarten des nahen Guts Schönhof kommen am Wochenende Steaks vom eigenen Öko-Hof auf den Grill.

78__Obere Mühle

Brotzeitidyll am rauschenden Bach

Ein rauschender Bach. In dem ein Mühlrad klappert. Ein Bauerngarten vorm Müllerhaus. Flinke Hände, die Wurst und Käse auf einem Teller arrangieren und durch ein Fenster hinausreichen. Zu Recht bezeichnen nicht wenige die direkt am Ufer des Flüsschens Itz gelegene Obere Mühle als das schönste im an sensationellen Freiluftwohnzimmern wahrlich nicht armen Umland von Bamberg. Dass es sie gibt, ist dem Wahnsinn von vier Freunden zu verdanken. 1990 setzten sie sich in den Kopf, das damals gut 150 Jahre alte Ensemble aus Getreidemühle und Sägewerk davor zu retten, in sich zusammenzufallen. Das prominenteste Mitglied des Kollektivs, der Krimiautor Helmut Vorndran, hat das Feierabendparadies mittlerweile um einen Kanuverleih ergänzt. Sein Tipp: Sich stromaufwärts auspowern, bis das Dorf Freudeneck erreicht ist, im dortigen Biergarten einkehren, sich zurücktreiben lassen und dann im Trink- und Brotzeitidyll seiner Mitsanierer den Herrgott einen guten Mann sein lassen. Sofern dort noch ein freies Plätzchen zu haben ist.

Nutzen wir die lauschige Atmosphäre, um den Neigschmeckten unter den Lesern, den Zugezogenen, die beiden Schlusslichter des regionalen Kulinarikalphabets nahezubringen. Denn sie stehen beide auf der Karte. In exzellenter Qualität.

1) Ziebeleskäs. Weil der Franke verdorbene, saure Milch nicht mit seinem eigenen Magen verwerten wollte, wurde das gestockte Weiß ursprünglich an Zieberle, an ziepende Entenküken, verfüttert. Bis jemand davon kostete. Seither zählt der mit Kräutern verfeinerte körnige Frischkäse zu jedermanns Leibspeisen.

2) Wer Zweitschgenbames bestellt, bekommt einen mit dem italienischen Carpaccio verwandten, geräucherten und luftgetrockneten Schinken. Im Idealfall stammt er von einer Kuh, die ihre besten Tage hinter sich hat. Ebenfalls extrem lecker! Form und Farbe erinnern an das Holz eines Zwetschgenbaums. Daher der rätselhafte Name.

Adresse An der Itz 11, 96179 Rattelsdorf, Tel. 09547/7627; Kanuverleih: Tel. 09547/1783, www.muehlenboote.de | **Saison/Öffnungszeiten** Mai – Anfang Aug. Fr–So ab 16 Uhr | **Biere** Mönchsambacher | **Essen** traditionelle Brotzeiten | **Ausstattung/Besonderheiten** Spielplatz, Anleger für Kanus und Co. | **Bei Schlechtwetter** überdachter Freisitz | **Tipp** Reckendorf liegt etwas abseits vom Schuss in den Hassbergen. Der Schlossgarten der nach dem Ort benannten Brauerei ist ein perfekter Ausgangspunkt, um in dieses vergessene Wanderparadies aufzubrechen.

79__Baumhaus Rennhofen

Ist das schon ein Freizeitpark?

7.140 Quadratmeter groß sind die Rasenplätze, auf denen sich Samstag für Samstag elf Jungs bis zur Erschöpfung verausgaben. Auf dass ein Wunder geschehe und der Nürnberger Club zumindest für eine Woche in der vorderen Hälfte der Bundesliga gelistet wird. 400 Quadratmeter mehr umfasst ein Biergarten, den die Leser der Tageszeitung »Nürnberger Nachrichten« zu Frankens schönstem gastronomischen Sommerausflugsziel gewählt haben. Weil man in diesem Miniaturdorf sofort vergisst, dass die Bierdusche, die sich beinahe jährlich über den Münchner Marienplatz ergießt, an der Pegnitz ein Traum bleiben wird.

Als sich Volker Holzwath 1997 die alte Dorfschule von Rennhofen kaufte, einem abgelegenen Nest bei Neustadt an der Aisch mit gerade einmal 115 Einwohnern, wurde sein Traum zur Realität. Gemeinsam mit seiner Frau Claudia begann er damit, den Pausenhof mit allerlei Buden, Freiluftsitzwelten, sinnvollem und sinnlosem Schnickschnack, vor allem aber mit Spielwelten für Kinder jeden Alters zu füllen. Rund ein Viertel des Baumhaus-Biergartens dient der Lust der Kleinen, sich auf einer Tretauto-Rennstrecke, diversen Klettergebilden, einem Hüpfkissen-Trampolin und so weiter bis zum selben Erschöpfungsgrad auszuprobieren, mit dem die Profikicker nach 90 Minuten in den Stadionkatakomben verschwinden. Damit nichts passieren kann, haben die Holzwaths Hackschnitzel ausgestreut.

Und weil mit 13, 14 die Bereitschaft auf den Nullpunkt sinkt, seine Zeit an einem Ort zu verbringen, der sich nicht virtuell via Smartphone bespielen lässt, hat dieser Biergarten sogar eine eigene App. Damit dürfen, ja müssen die Jungspunde für alle eine individuell belegte Pizza bestellen – und auf ein Signal ihres Handys hin an der Backstation abholen. Weil ihre Eltern für so etwas einfach zu blöde sind. Bleibt die Frage: Ist das eigentlich noch ein Biergarten? Oder schon ein Freizeitpark?

Adresse Rennhofen 23, 91448 Emskirchen-Rennhofen, Tel. 09161/61996, www.baumhaus-rennhofen.de | **Saison/Öffnungszeiten** Mai–Okt. täglich ab 10 Uhr | **Biere** Hofmann und andere | **Essen** von der traditionellen Brotzeit über Pizza zum Selbstbelegen bis zu gebrannten Mandeln | **Ausstattung/Besonderheiten** zu viel, um alles einzeln aufzählen zu können | **Bei Schlechtwetter** überdachter Freisitz, Gastraum | **Tipp** Ansbachs schönster Biergarten liegt hoch über der Stadt: der Außenbereich des nach seiner Lage benannten Gasthauses Weinberg.

80 Schmausenkeller

So wuselig wie auf einem Kreuzfahrtschiff

Die Idee, als Dorfbrauerei mal zu überdenken, ob es wirklich zehn Sorten Bier sein müssen, die man schlussendlich auch noch selbst kastenweise ausfährt, hatten auch andere. Aber niemand hat so konsequent allen Ballast über Bord geworfen, um sich ganz auf seinen Sommerkeller zu konzentrieren, wie die Brauerei Müller. Sie ist eine von rund 70 Biermanufakturen aus dem Bamberger Umland, die dank des bewussten Rückzugs in die Nische den Branchengiganten bis heute erfolgreich trotzen und dank derer die Region unter den Fans echt handwerklicher Gerstensäfte einen Stellenwert genießt wie die Malediven unter Tauchern: das letzte Paradies.

Gefühlt schon immer zog es die Bewohner von Reundorf, einem Örtchen zehn Kilometer südlich von Bamberg, an den Sommerabenden auf die Nordflanke eines Bergs, den das breite Schwemmtal des Flüsschens Rauhe Ebrach von ihren Wohnstuben trennte. Die kolossale Aussicht entschädigte für den recht langen Weg zu jenem Felsenkeller, in dem die 1874 gegründete Brauerei Müller wohltemperiertes Flüssiges für sie bereithielt. Nachdem in den 1950ern die Bierflasche und der Kühlschrank eine neue Ära der Konsumkultur eingeläutet hatten, schlossen viele andere ihren Freiluftausschank. Die Müllers hingegen bauten ihren sogar sukzessive weiter aus, bis er auch ein Wirtshaus bekommen und die Größe eines Weilers erreicht hatte.

Heute zählt der Reundorfer Schmausenkeller zu den weitläufigsten, meistbesuchten und dadurch wuseligsten fränkischen Freiluftgasthäusern. Das liegt nicht zuletzt an einem 10.000 Quadratmeter großen Abenteuerspielplatz mit Röhrenrutsche, auf dem die Kleinen über Stunden verschwinden. Zur Freude ihrer Eltern, die so auf den Sonnendecks, den Terrassen, dösen können und allzu leicht der Versuchung erliegen, noch eine der regionaltypischen Köstlichkeiten zu probieren. Es geht zu wie auf einem Kreuzfahrtschiff, das an der Rauhen Ebrach vor Anker gegangen ist.

Adresse Am Bahnhof 13, 96158 Frensdorf-Reundorf, Tel. 09502/608, www.schmausenkeller.de (von Reundorf Richtung Frensdorf fahren, am Ortsausgang nach einer Brücke links abbiegen) | **Saison/Öffnungszeiten** Gasthaus ganzjährig, Biergarten siehe Webseite | **Biere** eigene Brauerei | **Essen** traditionelle kalte und warme Küche, wechselndes Tagesgericht (fränkische Küche), Currywurst und Co., Salate, Kaffee und Kuchen | **Ausstattung/Besonderheiten** Wohnmobil-Stellplatz, gigantischer Spielplatz, bespielbare historische Kegelbahn | **Bei Schlechtwetter** Gaststube | **Tipp** Um einen der urig-romantischsten Biergärten überhaupt muss man sich leider Sorgen machen. Der Brauerei Büttner aus dem nahen Untergreuth sind die Bürokratie, der Personalmangel und die Unflätigkeit mancher Gäste mittlerweile zu viel. Solange geöffnet ist, wird die Webseite ständig aktualisiert: www.brauerei-buettner.de.

81__Roßdorfer Felsenkeller

Der mit dem großen Hirschgeweih

Nirgendwo ist Franken reicher an betörend schönen Bierkellern als im südlichen Umland von Bamberg. Den Rekord dürfte die Gemeinde Strullendorf für sich verbuchen, die in den 1970ern aus acht Örtchen gebildet wurde – darunter das 500 Einwohner kleine Roßdorf am Forst, eine hübsche Sammlung alter Fachwerkhäuser. Fahren wir von dort Richtung Wernsdorf, lotst uns ein Hinweisschild auf einen Feldweg, der zu einem Sommerkeller führt, wie ihn sich die Maler der Romantik nicht besser hätten erträumen können.

Am Parkplatz angelangt, wähnt man sich getäuscht, denn da hat offenbar einst jemand einen niedrigen Schuppen am Saum der Felder abgestellt, der dann bald, weil für moderne Landmaschinen zu klein, weitestgehend sich selbst überlassen wurde. Erst beim Näherkommen stellt sich heraus, dass das Fachwerkhäuschen gar nicht so klein und ordentlich in Schuss ist. Direkt neben ihm führt eine Treppe einen Hang hinunter, und während sich mit jedem Schritt ein Stück der unteren, eigentlichen Etage des Freiluftwohnzimmers ins Blickfeld schiebt, macht es: Wow! Ein kleiner Keller mit einfachen, fest installierten Tischen und Bänken, der sich an eine Böschung schmiegt und an dessen Rand sich ein Bächlein vorbeischlängelt. Uralte Bäume, die Schatten spenden.

Für das Highlight, das Kellerhaus, müssen wir uns umdrehen. Die zweistöckige Augenweide, laut einer Inschrift 1914 über dem Eingang zum unterirdischen Lager der Roßdorfer Brauerei Sauer in einem eigenwilligen Mix aus Landhaus- und Jugendstil erbaut, sucht in ganz Franken ihresgleichen. Ein überdimensioniertes, aus Holz geschnitztes Hirschgeweih kündet, über einem Balkon angebracht, von hochherrschaftlichen Jagdgesellschaften, die es nie gegeben hat.

Selbst wer von seinem Chef am Freitagnachmittag noch einen Berg Arbeit zugeschoben bekommen hat, den zwei nicht schaffen können, hier wird er Ruhe und Erholung finden.

Adresse Zum Felsenkeller 1, 96129 Strullendorf-Roßdorf am Forst, Tel. 0173/9049648, www.rossdorfer-felsenkeller.de | **Saison/Öffnungszeiten** circa Anfang April–Ende Sept. Mo–Sa ab 16 Uhr, So und Feiertage ab 14 Uhr | **Biere** eigene Brauerei | **Essen** traditionelle Brotzeiten, kleine warme Gerichte, Flammkuchen, vegane Gerichte, Kaffee und Kuchen | **Ausstattung/Besonderheiten** Liköre aus eigener Herstellung, Spielplatz, Livekonzerte | **Bei Schlechtwetter** kleine Gaststube | **Tipp** Der Biergarten der Almrausch-Hütte – beim Dörfchen Amlingstadt, das ebenfalls zu Strullendorf gehört – ist Anlaufpunkt für Trachtler, sie haben dort ihren Vereinssitz.

82 Unter den Linden

Von der Lust, einfach nur im Fluss zu sitzen

Von wegen, in der Natur herrscht Stille! Sie flüstert unseren Ohren ein avantgardistisches Hörspiel ein. In Dauerschleife. Ständig zwitschern Vögel, summen Insekten, rascheln Blätter im Wind.

Weit unterhalb von Rothenburg, der fränkischen Pflichtstation jedes Japaners auf Europatour, und damit dort, wo noch keiner der Schnellreisenden gewesen ist, im Talgrund der Tauber, wird die Komposition auf die Spitze getrieben. Sofern sich der Biergarten Unter den Linden – und das ist nicht ironisch gemeint! – auch in Zukunft treu bleibt und das akustische Ritual nicht durch die üblichen Blink-Vibrations-Alarmscheiben ersetzt. Mal in längeren, mal kurzen Abständen gellt ein »Jürgen«-, »Petra«- oder »Robert«-Schrei durch das Idyll. Die Vermutung, dass das Essen gut sein muss, ist richtig, denn das Klangspiel, das jeden Tonkünstler der Welt vor Neid erblassen lässt, kann nur dargeboten werden, weil permanent eine Brotzeit bestellt wird. Man lässt seinen Vornamen da und wird gerufen.

Um es direkt zu sagen: Dieser Biergarten ist so umwerfend schön, dass er sogar gefährlich ist. Es sollen schon Leute eine längst gebuchte und bezahlte, sündhaft teure Fernreise anzutreten verpasst haben, weil sie sein Charme vom ersten warmen Sommertag bis zum ersten Frost gefangen nahm. Das Erste, was man nach einer strapaziös abenteuerlichen Anfahrt – von der Rothenburg aus geht es über Serpentinen 70 Höhenmeter in die Tiefe – erblickt, ist eine alte Mühle mit Gehöft. Sie wurde um 1600 errichtet, um Flusswasser in die Stadt hinaufzupumpen. Hinter ihr, in einem Hain nicht minder alter Linden, hat die Wirtin auf der grünen Wiese ein liebenswürdig chaotisches Heer aus Tischen und Bänken aufgestellt. Die Sitzlandschaft reicht fast bis ans Ufer. Die Tauber ist hier so flach, dass Kinder nicht nur ihren Spaß haben, wenn sie in ihrem Bett waten. Mindestens eines pro Tag fällt quietschvergnügt ins Nass. Sogar die Kleineren können sich gefahrlos mitten in den Fluss hineinsetzen.

Adresse Kurze Steige 7b, 91541 Rothenburg, Tel. 09861/5909, www.unter-den-linden-rothenburg.de | **Saison/Öffnungszeiten** Frühlingsanfang–Mitte Okt., Gasthaus dann wieder nach Weihnachten, im Sommer Di ab 14 Uhr, Mi–So ab 10 Uhr; nach Weihnachten Mi–So ab 14 Uhr | **Biere** Landwehr | **Essen** traditionelle Brotzeiten, Pizza, ab Mai sonntags Frühstücksbüfett | **Ausstattung/Besonderheiten** Sandspielplatz | **Bei Schlechtwetter** Gastraum | **Tipp** Zwischen Rothenburg und Ansbach liegt Leutershausen. Zum dortigen Gasthof Sonne gehört ein Prachtexemplar von Biergarten.

83 Storchenkeller am Altmain

Jenseits der Getränkegrenze

Das beschauliche Sand am Main ist für seine große Weintradition bekannt. Und für seine urigen Heckenwirtschaften: Gasthäuser, die von den Winzern betrieben werden und reihum immer nur für kurze Zeit geöffnet haben. Aber Bier? Dafür hat der Herrgott doch extra das Städtchen Zeil geschaffen, die große Schwester am gegenüberliegenden Mainufer, von der aus die Brauerei Göller die ganze Region versorgt.

Dass auch in Sand einst ein Kapitel der fränkischen Biergeschichte geschrieben wurde, daran erinnert heute nicht mehr viel. Das mit Abstand attraktivste Relikt liegt nördlich des Ortskerns an einem Altarm des einst wild mäandernden, unberechenbaren Mains. Es präsentiert sich als bäuerlicher Obstgarten, in den seine Besitzer ein kleines Häuschen hineingestellt haben, damit sie für alle, die die Sommerhitze gern am Wasser und unter Bäumen aussitzen, eine zünftige Brotzeit zubereiten können. Bis sie 1942 ihr Sudhaus für immer zusperrte, führte der unscheinbare Eingang neben dem Ausschankhaus in das mit Fässern und Eis gefüllte unterirdische Lager der 1783 gegründeten Brauerei Storch. Ein echter Felsenkeller also. Die beiden anderen Brauereien in Sand am Main, Zur Krone und Stern, produzierten immerhin bis 1948 beziehungsweise 1952 weiter.

Und ein Geheimtipp, denn ob der zahlreichen Kellerhighlights, die die Bamberger auf dem Weg nach Sand abfangen, hat es sich bis in die selbst ernannte wahre Hauptstadt des Gerstensafts noch nicht herumgesprochen, dass hinter der Grenze, die Bier- von Mainfranken trennt, Exklaven liegen, dank derer auch dort ein Überleben möglich ist. Nur Mut, am Altmain sind noch Plätze frei! Empfohlen wird der selbst gemachte Kochkäse. Für Neigschmeckte – für Zugezogene: Das ist ein Aufstrich, für den Butter, Handkäs alias Harzer und Schmelzkäse verflüssigt, dann mit Natron aufgeschäumt und schließlich mit Schmand und Sahne verfeinert werden.

Adresse Fischerweg, 97522 Sand a. Main, Tel. 09524/6824 | **Saison/Öffnungszeiten** circa April–Sept. täglich außer Mo ab 14 Uhr | **Biere** Tucher | **Essen** traditionelle Brotzeiten und kleine Gerichte | **Ausstattung/Besonderheiten** kleiner Spielplatz, exquisite Weine lokaler Winzer | **Bei Schlechtwetter** Gastraum | **Tipp** In Königsberg, einem Fachwerkwunder in den Hassbergen, liegt einem im Biergarten auf dem Schlossberg die Landschaft zu Füßen.

84__Brauerei Knoblach

Expeditionen in Mutters Küchenreich

Von Montag bis Sonntag Schäufele, Schweinsbraten, Haxe, dann wieder ein Schäufele. Dieser opulente Speiseplan soll ja draußen auf dem Land zum Mittag so normal sein wie bei den Kids aus der Stadt der tägliche Döner. Zumindest in der Vorstellung der Ausflügler, die es wegen der sensationell günstigen Preise gern auch zweimal die Woche aus ihren Eigentumswohnungen auf die Dörfer hinauszieht. Wo sich die Illusion bestätigt. Es stimmt, dass das alles tatsächlich auf der Karte steht. Weil der Wirt halt vom Hunger nach zweifelsfrei original rustikalen Sinneseindrücken lebt.

Wer am wahren kulinarischen Alltag teilhaben will, wie ihn selbst im traditionsverliebten Umland von Bamberg nur noch die Alteingesessenen pflegen, dem sei hiermit dringend ans Herz gelegt, regelmäßig das im Vorland der Fränkischen Schweiz gelegene Schammelsdorf und dort den Wirtsgarten der Familie Knoblach aufzusuchen. Der 140 Jahre alte, immer wieder an die wachsende Zahl von Verehrern angepasste Kulttempel mit eigener Brauerei und eigener Schnapsdestille ist berühmt dafür, dass es dort exakt so schmeckt, wie damals die eigene Mutter gekocht hat.

Abenteuerlustige Entdecker dürfen sich beim Gang durch die ständig wechselnde Speisekarte gern fühlen wie ein spanischer Konquistador auf seiner Suche nach dem Eldorado. Mit dem erfreulichen Unterschied, dass sie fündig werden. Denn beim Knoblach kommen auch jene bizarren Gerichte auf den Tisch, über die die Einheimischen nicht gern Auskunft geben und die deshalb in keinem fränkischen Kochbuch stehen. Wir lernen zum Beispiel, dass die Idee, eine dicke Scheibe Göttinger zu panieren und wie ein Schnitzel herauszubraten, dem Gaumen durchaus schmeichelt. Geht schnell. Kostet wenig. Oder dass es in der Gegend um Memmelsdorf üblich ist, in jenem Sud ein Stück Gelbwurst heiß zu machen, der andernorts für Saure Zipfel, gekochte Bratwürste, verwendet wird.

Adresse Kremmeldorfer Straße 1, 96123 Litzendorf-Schammelsdorf, Tel. 09505/267 | **Saison/Öffnungszeiten** Gasthaus ganzjährig, Biergarten nach Witterung, Di–Fr ab 15 Uhr, Sa ab 9 Uhr, So 9–15 Uhr | **Biere** eigene Brauerei | **Essen** echte fränkische Hausmannskost, warm und kalt | **Ausstattung/Besonderheiten** Dank eines Bierautomaten kann man auch außerhalb der Öffnungszeiten einkehren. | **Bei Schlechtwetter** überdachter Bereich, Gastraum | **Tipp** Ebenfalls ein Stück Franken wie aus dem Bilderbuch: das Gasthaus Haderlein im Litzendorfer Ortsteil Pödeldorf und sein Biergarten.

85 Scheubel-Keller

Vom Unbehagen, ein Lebensmittel durchzuschneiden

Aktuell, so die Statistiker, tummeln sich zwischen Kiel, Aachen, Garmisch-Partenkirchen und Görlitz 83 Millionen Menschen. Verrechnet man sie mit den 4,1 Millionen, die in der liebenswertesten aller Regionen zu Hause sind, dann hat der Herrgott 95,1 Prozent der Deutschen mit dem bitteren Los bestraft, kein Franke zu sein. Entsprechend groß ist die Anzahl der Urlauber und Neigschmeckten, denen ein Fragezeichen ins Gesicht geschrieben steht, wenn es gilt, eine selten gewordene Brotzeit-Spezialität zu deuten: Eingeschnittene.

Eingeschnittene findet man nur im Umland von Bamberg. In Schlüsselfeld, einem schmucken Städtchen im Abseits des Steigerwalds zum Beispiel. Auf einer Anhöhe, die vom alten Ortskern durch einen Streifen Wiesen und Äcker abgetrennt ist, betreibt die letzte noch aktive Sudstätte der Stadt einen Bierkeller, auf dem es sich der Bräu nicht nehmen lässt, sein sensationelles unfiltriertes Helles höchstpersönlich und direkt aus dem Fass in Steinkrüge zu zapfen. Der kuschelig kleine, über einem Lagerstollen thronende Scheubel-Keller ist von einer zeitlosen Bodenständigkeit durchdrungen, weshalb dort sogar noch das schöne Wort Gelbworschbrödla in Gebrauch ist. Im Zuge des Metzgerei-Sterbens wird es wohl schon bald für immer aus dem Sprachschatz der Franken verschwinden. Wem eine Eingeschnittene zu viel ist, der lässt sich dort ein solches belegen.

Dem Franken ist es unangenehm, mehr Worte als unbedingt nötig zu verschwenden. Er gilt als maulfaul. Zu Recht. Weniger bekannt ist, dass den Steigerwälder darüber hinaus ein großes Unbehagen überkommt, wenn er ein Lebensmittel ganz durchschneiden soll. Um sich selbst zu überlisten, redet er sich permanent ein, dass es bei einer Fleischwurst reicht, sie einzuschneiden, um sie zu einem Wurstsalat zu veredeln. Ach ja: Es gibt auch eingeschnittenen Käse: Limburger mit Öl, Essig und Zwiebeln – in Scheiben portioniert.

Adresse Am Weinberg 1, 96132 Schlüsselfeld, Tel. 09552/6673, www.brauerei-scheubel.de, Anfahrt über Veit-Dennert-Straße | **Saison/Öffnungszeiten** Mai–Sept. Fr, Sa ab 17 Uhr, So und Feiertage ab 14 Uhr | **Biere** eigene Brauerei | **Essen** traditionelle Brotzeiten, darunter Gelbwurstbrötchen und Wurstsalat | **Ausstattung/Besonderheiten** Spielplatz, riesige Fest- und Fußballwiese | **Bei Schlechtwetter** Gasthaus im Ortszentrum | **Tipp** Bis 1970 produzierte die Brauerei Scheubel in einem Kommun-, einem städtischen Gemeinschaftsbrauhaus, das heute im Freilandmuseum in Bad Windsheim steht und wieder in Betrieb ist. Das Ergebnis kann man im Museumsbiergarten verkosten.

86 Bähr-Keller

Vom großen Glück, ums Bier zu trauern

Geht die schlechte Nachricht um, dass wieder einmal auf einem Dorf ein Sudhaus für immer schließen wird, setzt sich in uns Franken eine schwere Traurigkeit fest. Das tief im Steigerwald gelegene, 900 durstige Kehlen zählende Schönbrunn traf es unlängst gleich zwei Mal. 2008 schloss die Brauerei Wernsdörfer. Nur vier Jahre zuvor war die 1870 gegründete Familienbrauerei Bähr mit einem ihrer altüberlieferten Rezepte beim regionalen Platzhirsch vorstellig geworden, seither entsteht ihr Haustrunk im Lohnbrauverfahren beim Göller in Zeil.

Schönbrunn ist aber auch der Ort, an dem klar wird, dass unsere Verlustangst nicht die einzige Ursache sein kann, weshalb wir Franken immer schlecht gelaunt sind. Zumindest der alte Treffpunkt der Generationen, der über einem in einen Hang getriebenen Vorratsstollen gelegene Bähr-Keller, hat sogar davon profitiert, dass sein Betreiber nicht mehr ständig im Brauhaus beschäftigt ist. Dank eines sicheren Gespürs für die Materialien Holz und Stein, Sensibilität für die innersten Bedürfnisse der großen und kleinen Gäste und einem enormen Geschick, auf nur wenig Raum viele verschiedene Aufenthaltswelten zu schaffen, präsentiert er sich heute als ein Musterbeispiel, wie sich ein historisch gewachsenes Erbe ins Jetzt transferieren lässt, ohne dass es dabei seinen Charakter verliert.

Ein Bierkeller, so verschachtelt wie ein Dorf. Unsymmetrisch um einen Platz herum arrangiert, an dem man sich sein Seidla und seine Brotzeit holt und wo jeder mit jedem zusammentrifft. Von den wachsamen Augen eines mannshohen Teddys verfolgt, sucht ein Kätzelchen zwischen den vielen Beinen heruntergefallene Leckerlis. Eine Gruppe älterer Wanderburschen stimmt Volkslieder an. Legendär: der Sonnenuntergang, den die Natur hier so prächtig wie auf keinem anderen Keller inszeniert. Glücklich, wer ihn von einem der oberen, schnuckelig intimen Freisitze aus erleben darf. Mitleid kommt auf! Mit den eingedosten Passagieren eines Kreuzfahrtschiffs.

Adresse Steinsdorfer Straße/Ecke Friedhofsweg, 96185 Schönbrunn im Steigerwald, Tel. 09546/379 | **Saison/Öffnungszeiten** nach Witterung, circa April – circa Ende Sept. täglich außer Mo ab 16 Uhr | **Biere** speziell für den Keller gebraut | **Essen** traditionelle Brotzeiten mit Wurst aus eigener Schlachtung, Pizza, kleine warme Gerichte | **Ausstattung/Besonderheiten** fulminanter Spielplatz | **Bei Schlechtwetter** diverse Freisitze, Gastraum | **Tipp** Auch die zweite ehemalige Schönbrunner Brauerei, Wernsdörfer, bewirtet nach wie vor Gäste, lässt nach eigenem Rezept für sich brauen, wurstet noch selbst und hat ebenfalls einen – wenngleich wenig spektakulären – Biergarten.

87_Waldgaststätte Schießhaus

Gekonnt kunstvoll eingerichtet

Klug, wie die Bewohner von Schweinfurt nun einmal sind, haben sie sich längst damit angefreundet, dass ihre Stadt von Ausflüglern links liegen gelassen wird. Sie machen keinen Hehl daraus, dass die Bomben des Zweiten Weltkriegs von der einstigen Fachwerk-Romantik nichts stehen ließen. Ihre Stadt gilt als öde und leblos, ja als hässlich. Ein Image, das Vorteile mit sich bringt. Denn dass man ausgerechnet hier das Schlaraffenland findet … Kein Fremder würde das vermuten!

Gut haben sie es vor ortsfremden Mägen versteckt, die Schweinfurter. Ihr Sommerparadies. Weit außerhalb des Zentrums duckt sich die Waldgaststätte Schießhaus unter Baumwipfeln ab. Auf dem Gipfel des Haardtbergs, der gerade noch auf dem Stadtgebiet liegt. Ursprünglich stand dort eine Schutzhütte für Jäger. Die Waidmänner bauten sie zu einer komfortablen Party-Villa mit Schießstand aus, dann übernahm die Wehrmacht das Areal. Bis 2014 beanspruchte es die US-Army für sich. Mit Ausnahme des Offiziersclubs, der zum Ausflugslokal umfunktioniert wurde und vor dessen Tür eine verschachtelte Siedlung aus Freiluftsitzgruppen, Versorgungsstationen und Spielplatz heranwuchs.

Ein überlebensgroßer Rauschebart, mit dem Schnitzmesser aus einem wahren Trumm von Baumstamm herausgearbeitet, bewacht den Eingang. Gleich dahinter lässt man sich sein Seidla zapfen. Eine Stimme mit fremdländischem Akzent ruft Essen aus. Künstlerisch hochkarätige Skulpturen, die sich mit allerlei Nippes vom Flohmarkt mischen, laden dazu ein, erst einmal die Miniaturwelt zu erkunden, die von Liebe und Können kündet. Ihre vielen Landschaften, so viele Details! Sie bremsen aus, ändern Zielrichtung des Willens. Hier oben soll sich niemand schnell an irgendeinen Tisch setzen, jeder in Ruhe seinen Lieblingsplatz finden. An dem man dann den Rest des Tages verstreichen lässt, Köstliches vom Schwein vertilgend, als Brotzeit oder heiß.

Adresse An der Oberen Hardt 1, 97422 Schweinfurt, Tel. 09721/386868, www.schiesshaus-schweinfurt.de (das Zentrum auf der B286 Richtung Bad Kissingen verlassen, ab dem Abzweig von der B286 ausgeschildert) | **Saison/Öffnungszeiten** ganzjährig, im Winter als Wirtshaus, täglich ab 9 Uhr | **Biere** Roth | **Essen** fränkische Brotzeiten (Wurst nach eigenen Rezepten), fränkische Braten, Schnitzel, Pizza, Kuchen und hausgemachtes Eis | **Ausstattung/Besonderheiten** Spielplatz | **Bei Schlechtwetter** regensichere Plätze, Gastraum | **Tipp** Etwas näher am Stadtzentrum – direkt am »Wildpark an den Eichen« – lockt der Biergarten der Waldgaststätte Jahn.

88__Am Berg'la

Gäste werden Freunde

Wein – oder Bier? Wäre Shakespeare Franke gewesen, hätte er seinem Hamlet die wirkliche Frage aller Fragen in den Mund gelegt. Und kein Gefasel von Sein oder Nichtsein. In welcher Antwort der berühmteste Monolog der Theatergeschichte mündet, würde in diesem Fall mit dem Ort, an dem der Prinz den Tod finden wird, bereits angedeutet. Nimmt die Tragödie im von besten Lagen umringten Kitzingen ihren Lauf, kann sie nur Wein lauten. Aber bekanntlich verstecken sich die größten Schätze gern dort, wo sie niemand vermutet.

Weil es bei Weinkennern in aller Munde ist, empfinden es Bierfreunde nicht als lohnenswert, sich in das 1975 nach Kitzingen eingemeindete Dorf Sickershausen aufzumachen. Es sei denn, ein Geheimtipp hat sich bis zu ihnen herumgesprochen. Dann werden sie mit Sicherheit sogar wiederkommen. Denn das Ambiente des südlich des Orts im Tal des Sickersbachs gelegenen Biergartens Am Berg'la sucht seinesgleichen. Irmi Vogel, die ihn seit 2014 als Hobby betreibt, hat den sprichwörtlichen grünen Daumen. Nachdem sie mit ihrem Mann den Hang terrassiert hatte, zog sie Hecken ein. Man sitzt wie in einem Separee – als große Gruppe, als kleine und gern auch zu zweit. Unter alten Obstbäumen. Dort blüht ein Lavendel, da macht ein Keramikfrosch große Augen. Man fragt nach, was die Küche besonders empfiehlt. Man fühlt sich bald mehr als Freund denn als Gast und will sich sogar auf das Experiment einlassen, ein Viertel Sickershäuser Storchenbrünnle zu kosten.

Geöffnet hat das Am Berg'la nur am Sonntag. Das muss genügen. Es sei denn, dass sich eine Band ankündigt, was fast jeden Samstag der Fall ist. Mal gibt es Reggae, mal Rock, mal fetzige Blasmusik. Halt all jene Klänge, die Genussmenschen gern hören, die die Flegeljahre hinter sich und deshalb das Beste noch vor sich haben. Es ist durchaus Absicht, dass man sich in diesem Biergarten erst ab 30 geborgen fühlt.

Adresse 97318 Kitzingen (Anfahrt zum Parkplatz ab Ortsmitte ausgeschildert), Tel. 0152/32023196, www.ambergla.de | **Saison/Öffnungszeiten** Mai–Okt. So, Feiertage ab 14.30 Uhr und zu Konzerten | **Biere** Kesselring | **Essen** warme und kalte Küche, Kaffee und Kuchen | **Ausstattung/Besonderheiten** ab der Dämmerung romantisches Kerzenlicht | **Bei Schlechtwetter** geschlossen | **Tipp** Als Bierfreund verstanden fühlt man sich auch im nahen Weindorf Wintershausen, der dortige Stöcklein's Biergarten liegt direkt am Ufer des Mains.

89__Staffelberg-Klause

Dem Himmelreich so nahe

Jerusalem liegt ja nicht gerade um die Ecke. Aus Sicht unserer Vorfahren: gar nicht gut! Denn eine Reise zu den Schauplätzen des Neuen Testaments versprach, dass man dem Türsteher zum Paradies, dem heiligen Petrus, später, in der Stunde seines Todes, ein VIP-Ticket vorzeigen konnte. Man musste sich nicht hinten an der Schlange der Verstorbenen anstellen. Seit 1765 akzeptiert der Herrgott auch eine Wanderung auf den Staffelberg, ein 300 Höhenmeter über dem Obermaintal thronendes Felsplateau.

Die meisten Pilger, die sich heute auf die Landmarke hinaufkämpfen, folgen freilich einem anderen Ziel. 1883 ließ sich der Franziskanermönch Ivo Hennemann unweit der Gipfelkapelle ein Haus errichten. Obwohl er das einsame Leben eines Eremiten gewählt hatte, tat er, was nötig war, damit sich Menschen um ihn scharten. Er schenkte Bier und Schnaps aus. Unter der Hand. Aber in solchen Mengen, dass sich seine Kirchenaufsicht 1896 gezwungen sah, eine Wirtshauskonzession zu beantragen.

Heute wie damals holt man sich in Hennemanns Einsiedelei sein Seidla. Man trägt es zu den Bierbänken, die rund um das 1653 errichtete Kirchlein einfach nur auf die Wiese gestellt sind. Man stärkt sich. Holt sich vielleicht ein zweites, bevor man der atemberaubenden Aussicht wegen das Plateau umrundet. Bei gutem Wetter schweift der Blick bis nach Thüringen.

Es heißt, dass der Staffelberg schon in der Jungsteinzeit Schauplatz religiöser Kulte war. Archäologen bemühen sich redlich, dem kargen Boden Konkretes zu entreißen. Zum Mythos wurde der Berg spätestens an Ostern 1765. In diesem Jahr setzte der Eremit Jakob Heß in der Gipfelkapelle erstmals die mechanischen Figuren des Heiligen Grabs in Bewegung, eines recht frei interpretierten Nachbaus des biblischen Jerusalem. Bis heute baut man es Jahr für Jahr auf, damit sich in der Nacht auf den Karfreitag die Gläubigen ihr VIP-Ticket sichern können.

Adresse der Staffelberg kann nur zu Fuß erklommen werden, es gibt zahlreiche Routen, die beliebteste startet am Ausgang des Dorfs Romansthal (Parkplatz), Tel. Klause 09573/5437 | **Saison/Öffnungszeiten** ganzjährig außer Nov., April–Ende Okt. Mo, Mi–Sa ab 10 Uhr, So, Feiertage ab 9 Uhr, Dez.–März Fr ab 14 Uhr, Sa ab 12 Uhr, So, Feiertage ab 9 Uhr | **Biere** St. GeorgenBräu, Weizen von Staffelbergbräu | **Essen** Brotzeiten, Bratwurst mit Kraut, Kuchen | **Ausstattung/Besonderheiten** Präsentation des Heiligen Grabs ab Karfreitag über Ostern in der Aldegundiskapelle mit Pilgerbetrieb | **Bei Schlechtwetter** kleine Gaststube | **Tipp** Wer den heiligen Berg der Franken auf der steilen Südroute bezwingen will, kann sich vorher am Ausgangsort Loffeld stärken – beim Staffelberg-Bräu.

90 Roppelt Keller

Hochschule der fränkischen Küchenexzentrik

Wer mehr Platz einnimmt, das Dorf Stiebarlimbach, ein Ortsteil des Bierkeller-Mekkas Hallerndorf, oder die Sommerdependance der Brauerei Roppelt, die dort seit 1570 für das Recht des Franken auf einen gepflegten Rausch zuständig ist, lässt sich nicht eindeutig ausmachen. Es hängt davon ab, ob man, wie die Kinder, den Wald miteinbezieht, in den der für fränkische Verhältnisse außergewöhnlich quirlige Kultkeller und sein gigantisch großer Abenteuerspielplatz nahtlos übergehen. An lauen Sommerabenden stillen dort gut und gern zehnmal so viele Ausflügler ihre Sehnsucht nach einem Bier, das noch nach echtem, altüberliefertem Handwerk schmeckt, wie das Dorf Einwohner hat. Und ihren Hunger auf derbe, typische Hausmannskost. Wer jetzt kopfrechnen will: Stiebarlimbach ist winzig. Dort leben nur rund 65 Seelen.

Das Erfolgsrezept des über einem unterirdischen Bierlager angelegten Genussparks ist die wohl größte Auswahl an traditionellen Köstlichkeiten, die sich auf einem echten Sommerkeller finden lässt. Berühmt und für ihre Wirkung auf den Verdauungstrakt berüchtigt sind die Bohnakern, ein Eintopf aus lila getupften Wachtelbohnen, ursprünglich ein Armeleuteessen. Ebenfalls einst jener Mehrheit vorbehalten, die sich ein ordentliches Bratenstück nicht leisten konnte: Salzknöchla. Sie werden aus jenem unteren, aus der Sicht der feinen Schnösel minderwertigen Abschnitt einer gepökelten Schweinehaxe zubereitet, bei dem sich Fleischanteil und Fettschwarte die Waage halten. Ein Gedicht! Wildgerichte, deren Hauptzutat der Wirt und Braumeister höchstpersönlich schießt, bilden den Gipfel der Roppelt'schen Küchenkunst. Schlemmt euch durch! Von unten nach oben! Schärft euer Image! Denn wer sich trotz solcher raren Gaumenschätze das fränkische Allerweltsgericht holen geht, ein butterzartes Schäufele mit knackend röscher Kruste, Soß' und Kloß, gibt sich in Sachen regionaler kulinarischer Eigenwilligkeit als Anfänger zu erkennen!

Adresse Roppelt Keller, 91352 Hallerndorf-Stiebarlimbach, Tel. 09195/7263, www.brauerei-roppelt.de (ab Stiebarlimbach ausgeschildert) | **Saison/Öffnungszeiten** April–Okt. Mo, Di ab 11 Uhr, Mi, Do ab 13 Uhr, Fr, Sa ab 11 Uhr | **Biere** eigene Brauerei | **Essen** sensationelle Auswahl traditioneller kalter und warmer Gerichte, Kaffee und Kuchen | **Ausstattung/Besonderheiten** gigantisch großer Spielplatz, Ladestationen für Smartphones und E-Bikes | **Bei Schlechtwetter** geschlossen beziehungsweise Regenschutz-Segel | **Tipp** Das Bier der Brauerei Zehendner aus dem rund 20 Kilometer entfernten Mönchsambach, einem nicht minder kleinen Dorf im Steigerwald, schmeckt sensationell, der Biergarten des Brauereigasthauses ist klein und kuschelig.

91 Schwanenkeller

Das Schauspielhaus im Eichenwald

Dieses Prachtexemplar von einem echten Keller liegt über einem unterirdischen Bierlager der 1870 gegründeten, 1974 wieder aufgegebenen Schwanenbräu Dauer. Bereits die Anfahrt ist ein echtes Erlebnis. Ist der Keller geöffnet, steht an der Strullendorfer Durchfahrtsstraße auf Höhe der Kirche St. Laurentius ein Schild und bittet darum, aus dem Verkehrsstrom auszuscheren. Man biegt in eine Allee aus 67 Linden ein, die schier nicht enden will. Das 550 Meter lange Kuriosum wirkt uralt, wurde aber erst in den 1920er Jahren zum Gedenken an die Gefallenen des Ersten Weltkriegs angelegt. Wer mit dem Zug kommt, weil es mehr Spaß macht, wenn man sich nicht für jedes Promille eine Ausrede zurechtlegen muss, die die Polizei ohnehin nicht überzeugen kann, wird sie ebenfalls passieren. Nach etwa 400 weiteren Metern ist der Wald erreicht, in dem sich das bodenständig-rustikale Kleinod fränkischer Gastlichkeit an das nun steil ansteigende Gelände anschmiegt.

Mit dem Griess-Keller in Geisfeld, dem Waldstübla in Leesten und dem Felsenkeller in Roßdorf ist die Umgebung von Strullendorf nur so mit Berühmtheiten gespickt. Der Eindruck wundert also nicht, dass sich die Einheimischen darüber freuen, hier zumindest an den fünf Wochentagen in der Mehrheit zu sein. Man nimmt ein paar Stufen, steht vor dem Ausschankhaus, greift sich eine Zeitung. Wer schlecht zu Fuß ist, bleibt gleich hier unten auf der Terrasse, die sich rund um das kleine Gemäuer zieht. Der eigentliche Biergarten erinnert an eine antike, griechisch-römische Arena, von der man freilich nur das Viertel eines Kreisrunds in den Berghang hineinfräsen wollte. Penibel wurde darauf geachtet, dass jeder einen freien Blick auf das Schauspiel unten auf der Bühne genießt – auf die beiden Türen, durch die unentwegt Getränke und Essen herausgetragen und spätestens nachdem der Ruf erklungen ist: »Das Fischfilet wird langsam kalt«, von jemandem aus dem Publikum in Empfang genommen werden. Applaus!

Adresse Kellerberg 9, 96129 Strullendorf, Tel. 09543/41278 | **Saison/Öffnungszeiten** circa Ende März – circa Ende Okt. Mo ab 15 Uhr, Di – So ab 11 Uhr (nur bei schönem Wetter) | **Biere** Rittmayer | **Essen** fränkische Brotzeiten, bodenständige warme Küche | **Ausstattung/Besonderheiten** großer Spielplatz | **Bei Schlechtwetter** geschlossen | **Tipp** In der erwähnten Strullendorfer Lindenallee findet sich der Biergarten des 1982 aufgegebenen, als Gasthaus aber quicklebendigen Lindenbräu.

92 Elch-Bräu

Unser Schdamberla gib uns heute

»Bier«, dessen war sich einer der Gründerväter der USA, der Erfinder und Verleger Benjamin Franklin, sicher, »ist der überzeugendste Beweis dafür, dass Gott den Menschen liebt und ihn glücklich sehen will.« Die Franken sehen das ein wenig anders. Aus purem Spaß am Frotzeln haben sie den Schöpfer so lange gequält, bis er es nicht mehr aushielt und ihnen ihre Landschaften mit Obstbäumen vollstellte, der Grundlage der totalen Ekstase. Denn sie haben ihn im Dialekt angebetet, in dem jeder Satz so klingt, als wolle man sein Gegenüber übelst beleidigen, obwohl sich inhaltlich nichts dergleichen nachweisen lässt.

Georg Kugler ist ein Meister, wenn es darum geht, die Früchte, die auf den Streuobstwiesen der Fränkischen Schweiz heranreifen, zu Hochprozentigem zu verarbeiten. Nachdem er mit seinem dunklen Haustrunk Nürnberg im Sturm erobert und die allzeit wanderlustigen Schluckspechte aus der Metropole als Stammgäste seines tief in der Fränkischen Schweiz versteckten Biergartens gewonnen hatte, reaktivierte er 2013 das altverbriefte Recht, sie auch auf dem direkten Weg in den Zustand des Nirwana zu katapultieren. Statt wie ursprünglich vorgesehen Bier lagert seine 2007 gegründete Elch-Bräu in ihrem Felsenkeller edle Brände ein. Hinter der kleinen Ausschanknische, in der sich seine Gäste im Sommer ihr Krügla füllen lassen, in der ewigen Dunkelheit des Naturkühlschranks, dürfen die verflüssigten, zum Destillat konzentrierten Zwetschgen, Kirschen und Marillen zur Vollendung reifen.

Keine Bange: Noch heiterer als in anderen Biergärten geht es auf diesem echten, in einen Hinterhof eingepassten Sommerkeller nur selten zu. Der Brauereiausschank der lange nur als Gasthaus betriebenen Thuisbrunner Sudstätte, die zuletzt Seitz hieß und in den vergangenen Jahrhunderten ständig ihren Namen wechselte, wird vorwiegend von Genießern angesteuert, die ihren Führerschein behalten wollen.

Adresse Thuisbrunn 11, 91322 Gräfenberg-Thuisbrunn, Tel. 09197/221, www.gasthof-seitz.de | **Saison/Öffnungszeiten** Gasthaus ganzjährig, Biergarten nach Witterung, Di, Fr–So ab 10 Uhr | **Biere** eigene Brauerei | **Essen** traditionelle kalte und warme Küche, Kaffee und Kuchen | **Ausstattung/Besonderheiten** Spielplatz, selbst gebrannte Schnäpse | **Bei Schlechtwetter** Gasthaus | **Tipp** Der Keller der Elch-Bräu ist die letzte Station des Fünf-Seidla-Steigs, eines Wanderwegs, der ab Weißenohe zu fünf Brauereien und damit auch in fünf Biergärten führt.

93__Brauerei Hönig

Wo die Biker ihren Körper ausschwemmen

Östlich von Bamberg standen die Reisenden schon immer vor einem Problem: der steilen Kante, mit der sich ihnen die heute bei Wanderern und Klettersportlern so beliebte Jura-Alb in den Weg stellte. Je nachdem, an welchem Ende des Ellerbergs, dem strapaziösen Nadelöhr an der historischen Route nach Bayreuth, ihre Kutscher die Pferde wechselten, lag für sie die Fränkische Schweiz entweder so weit oben wie die Kekse, die die Mutter immer im höchsten Regalfach deponiert hatte, damit sie ihr kleiner Liebling nicht heimlich wegfuttern konnte. Oder sie endete noch abrupter als die Klippe von Dover am Meeresrand.

Wir dürfen uns Tiefenellern, das letzte Dorf in Tallage, und speziell seinen Gasthof Zur Post als einen Ort vorstellen, an dem die Angst umging. Und: Dass die Fuhrleute und ihre Passagiere ihr Nervenflattern mit der Bitte bekämpften, ihnen ihren Bierkrug gleich noch einmal zu füllen. Sowie dass die 1478 in Betrieb genommene, an die Rast- und Poststation angeschlossene Brauerei deshalb in größeren Maßstäben planen musste, als sie sich entschloss, auf die anspruchsvollere untergärige Brauart umzusteigen, und sie die hierfür unverzichtbaren unterirdischen Vorratskammern in den Hang hinterm Haus einpasste.

Die Poststation ist längst Geschichte. Geblieben ist der Sommerkeller, auf dessen weitläufigen Terrassen die von der Serpentinenfahrt mitgenommenen Ellerberg-Bezwinger von heute – je nach benutztem Gefährt – entweder das Adrenalin aus ihrem Körper ausschwemmen oder ihren Elektrolythaushalt in Ordnung bringen. Mit einem Bier, das direkt hinter jener Hauswand entstanden ist, die die Zweiradhelden vor dem Wärmeschwall des Ostwinds schützt. Bei einem Schnitzel, das hier noch, wie es sich gehört, in der Pfanne herausgebacken wird und für das der seit 1778 von der Familie Hönig bewirtschaftete Paradiesgarten bodenständig fränkischer Genüsse berüchtigt ist.

Adresse Ellerbergstraße 15, 96123 Litzendorf-Tiefenellern, Tel. 09505/391, www.brauerei-hoenig.de | **Saison/Öffnungszeiten** Mai–Sept. Mo–Mi ab 15 Uhr, Fr–So ab 10 Uhr | **Biere** eigene Brauerei | **Essen** traditionelle Brotzeiten, kleine warme Gerichte, Sonntag Mittagstisch (traditionell und Hausmannskost) | **Ausstattung/Besonderheiten** großer Spielplatz | **Bei Schlechtwetter** überdachter Freisitz, Gasthaus | **Tipp** Damit man sich nicht in einem Zug durch die Serpentinen des Ellerbergs auf die Fränkische Schweiz hinaufquälen muss, bietet sich auf halber Höhe der Biergarten des Bikertreffs Ellerberg-Stübla als Pausenstation an.

94 Kiosk an der Denkmallok (Zum Hanni)

Hier isst man die Pommes mit fränkischem Rot-Weiß

Die Oberpfälzer sind dem Franken per se nicht angenehm. Denn sie beherrschen eine Fähigkeit, die ihnen fremd, ja unheimlich ist. Sie sind kommunikativ! Sogar so kommunikativ, dass nach Bayern und der Bundesrepublik jetzt auch die UNESCO deren Forderung prüft, ihre Zoigl-Bierkultur zum Immateriellen Kulturerbe zu erklären. Frankens echte Bierkeller wären nicht minder bedeutsam und einzigartig. Aber dass die Franken speziell den Münchnern in einem Anfall von Beredsamkeit ein für alle Mal klarmachen, wer ihn erfunden hat, den Biergarten? Undenkbar! Die Welt wird ihr wertvollstes Kulturgut wohl für immer unterschätzen.

Noch mehr unterschätzt wird der Kiosk, die abgespeckte Version des Freiluftwirtshauses. Nachdem in Treuchtlingen, der südlichen Grenzbastion der fränkischen Lebensart, 1966 die Brauerei Roth ihr Sudhaus und damit auch den Perlachberg Keller aufgab, mussten sich die immer durstigen Einwohner umorientieren. Nach vielen Sommern, in denen die Hitze unabhängig vom Wetter nicht auszuhalten war, bot ihnen Hans Kress eine neue Heimat. In den Auen der Altmühl. Dort, wo seit 1969 ein Monstrum von Dampflok Jung und Alt fasziniert, reichte er ihnen durch ein Fenster Bier, Currywurst und Eis. Seit die in ein enges Kanalbett gezwängte Altmühl 1996 teilrenaturiert, das bis dahin eher spärliche Grün zu einem Kurpark umgestaltet wurde, ist der Kiosk trotz seines gastronomischen Minimalismus eine Institution. Es sitzt sich dort halt zu schön. Obwohl die Plätze nie für alle reichen. Wozu auch. Familien tragen ihre Pommes mit fränkischem Rot-Weiß auf den gigantischen öffentlichen Spielplatz, die Jugend lümmelt auf der Auwiese, die Senioren besetzen die Parkbänke.

Leider hat der Hanni im Herbst 2019 verkündet, dass er, mittlerweile 64 Jahre alt, aufhört. Wie es weitergeht, war bei Redaktionsschluss dieses Buches unklar. Ein neuer Pächter, heißt es, ist gefunden.

Adresse Altmühlstraße 10, 91757 Treuchtlingen | Saison/Öffnungszeiten April–Okt., Details zu den Öffnungszeiten und zur Karte bei Redaktionsschluss wegen Pächterwechsel nicht bekannt | Ausstattung/Besonderheiten gigantischer Spielplatz, im Juli Open-Air-Event »Rock an der Lok« | Bei Schlechtwetter geschlossen | Tipp Im August erwacht der Perlachberg Keller für einen Tag aus seinem Dornröschenschlaf – wenn der Ortsverein der SPD dort sein Bürgerfest veranstaltet (Termin auf www.spd-treuchtlingen.de).

95__Roppelt-Keller

Abseits ausgetretener Touristenpfade

Wenn die Besucher dieses an einem steilen Hang angelegten, echten Bierkellers nach unten gerufen werden, um an einer Durchreiche ihr frisch zubereitetes Essen entgegenzunehmen, kommen sie auffällig häufig mit einem Teller zurück, der dem Designer ein wenig klein geraten scheint. Vermutlich, um Material zu sparen. Eine optische Täuschung! Die Proportionen sind verschoben. Die Auflage, das Essen, ist derart üppig dimensioniert, dass es die Unterlage überlappt, von der es um Gottes willen bitte nicht herunterfallen wird.

Die Wahrscheinlichkeit ist groß, dass die enorme Fläche, die beim Roppel ein Schnitzel einnimmt, ein Erbe jener kurzen Epoche ist, in der viele Gäste Arbeit, dadurch aber auch einen großen Appetit hatten. Das Dörfchen Trossenfurt und mit ihm der Biergarten der kleinen, feinen, wohl weit über 300 Jahre alten Brauerei liegt in jener Zone des Steigerwalds, in der es sich die Menschen schnell abgewöhnten, auf eine halbwegs gute Ernte zu hoffen. Bei solchen Böden macht Landwirtschaft einfach keinen Sinn. Entsprechend galt man dort als Glückskind, wenn man sich in einem der Steinbrüche kaputtschuften durfte, die ein gewisser Conrad Vetter ab 1865 eröffnete. Auf einer Liste der 39 größten Unternehmen, die die Statistiker des Königreichs Bayern 1907 zusammenstellten, findet sich auch dessen zwischenzeitlich ins nahe Eltmann übersiedelte Deutsche Steinwerke AG.

Auf den von alten Linden und Kastanien beschatteten Terrassen, die in Stufen bis zum Gipfel den Hang hinaufführen, sitzen die Einheimischen leider viel zu oft nur unter sich. Trossenfurt liegt abseits der ausgetretenen Touristenpfade. Aber genau daraus schöpft dieses für Franken archetypische Sommerfreiluftwohnzimmer seine ganz spezielle Urigkeit. Vorsicht: Es besteht Verwechslungsgefahr mit dem berühmteren Keller der gleichnamigen Brauerei aus Stiebarlimbach am anderen, östlichen Ende des Steigerwalds (siehe Nr. 90).

Adresse An der Steige 2, 97514 Oberaurach-Trossenfurt, Tel. 09522/1840, www.brauereiroppelt.de | **Saison/Öffnungszeiten** Mai–Sept., bei schönem Wetter Fr–Mo ab 16 Uhr | **Biere** eigene Brauerei | **Essen** traditionelle warme und kalte Küche, klassische Hausmannskost | **Ausstattung/Besonderheiten** Spielplatz, überdachte »Tafelrunde« für große Gruppen | **Bei Schlechtwetter** mehrere Freisitze, Gastraum | **Tipp** In Ebelsbach – von Eltmann durch den Main getrennt – lässt es sich im Biergarten des Klosterhofs vorzüglich trinken, speisen und verweilen.

96__Gambrinus Keller

Wie vergnügte sich das Landvolk um 1900?

Unsere Ahnen waren nicht wirklich kreativ, wenn es darum ging, einer Brauerei einen Namen zu geben. Konnten sie nicht den des Besitzers verwenden, zogen sie halt einen Schutzpatron heran. Weshalb zig Sudstätten nach einem Herrn benannt sind, über den niemand etwas Genaues weiß. Dem Geschichtsschreiber Johannes Aventinus (1477–1534) zufolge war Gambrinus ein Germanenprinz, der um das Jahr 1730 vor Christus die Erfinderin des Biers heiratete, die ägyptische Göttin Isis. Im Fall der Gambrinus Brauerei aus Unterhaid, einem Dorf im Maintal bei Bamberg, ist der Brauer Karls des Großen als Namensgeber dann doch wahrscheinlicher. Unterhaid ist zu Fuß eine gute Stunde von Hallstadt entfernt, einem von Karls Königshöfen, und müsste alt genug sein.

Wie letztlich jedes fränkische Sudhaus grub sich auch die dortige, 1451 gegründete Gambrinus Brauerei Ende des 18. Jahrhunderts einen Lagerkeller in den Untergrund. Das Ausschankhäuschen wurde erst später über dessen Eingang aufgemauert. Als Standort wählte sie einen tief eingeschnittenen Hohlweg, der auf den östlichsten aller fränkischen Weinberge hinaufführt und an dem sich 29 weitere Stollen aneinanderreihen. So weit, so normal. Hätten die Unterhaider das Ensemble nicht jüngst in ein Freiluftmuseum verwandelt. Fünf arbeitsreiche Jahre waren nötig, bis sich der Kellerberg wieder in jenem Zustand befand, in dem ihn um 1900 herum die Bauern, Knechte und Mägde nach getaner Arbeit aufsuchten.

Seit 2012 kann sogar das Highlight der bäuerlichen Spaßkultur, die Kegelbahn, wieder bespielt werden. Allerdings nach den originalen, ungerechten Regeln des Miteinanders von anno dazumal. Einer muss der Depp sein, sich hinten reinstellen, die Kegel von Hand platzieren und die gefallenen abräumen. Ein quicklebendiges Denkmal fränkischer Alltagsgeschichte. Einzigartig. Auch wenn die Unterhaider Gambrinus Brauerei ihre Bierproduktion schon 2000 einstellte.

Adresse Weinbergstraße, 96173 Oberhaid-Unterhaid, Tel. 0951/5191644 | **Saison/Öffnungszeiten** 1. Mai–Mitte Sept., bei gutem Wetter Mo–Fr ab 16 Uhr, Sa, So ab 14 Uhr | **Biere** Haustrunk (lohngebrautes, exklusives Kellerbier), Schlossbrauerei Reckendorf | **Essen** traditionelle Brotzeiten | **Ausstattung/Besonderheiten** Spielplatz, Führungen durch die historische Anlage | **Bei Schlechtwetter** Freisitz, Gastraum | **Tipp** Fährt man von Unterhaid auf der Landstraße nach Hallstadt, kommt man hinter dem nächsten Dorf automatisch am Hannla Keller vorbei, einer bildhübschen Bierkeller-Berühmtheit mit dicker Patina.

97_Voggendorfer Keller

Viel Flugverkehr im Feuchtgebiet

»Achtung! Störche im Tiefflug!«, warnt ein Schild den Autofahrer, wenn er, von Höchstadt kommend, bei einer Tour durch den flachen Aischgrund das Tempo drosselt, denn der Marktflecken Uehlfeld ist erreicht. Sollte er zum ersten Mal auf dieser Strecke unterwegs sein, dürfte er auf einen Gag tippen, den sich das Tourismusmarketing hat einfallen lassen – bis ihn die Straßenführung zwingt, durch das Untere Torhaus hindurchzumanövrieren, einen vermeintlich mittelalterlichen, aber erst im 18. Jahrhundert erbauten Einlass eng wie ein Nadelöhr. 2018 brüteten auf den Dächern von Uehlfeld 18 Storchenpaare. Die Gefahr ist real.

Junge Liebende, deren Kinderwunsch sich bislang nicht erfüllt hat, und alle anderen, die mit dem scheuen Vogel nähere Bekanntschaft schließen wollen, sollten auf ein anderes Schild achten. Es steht wenige Meter vor dem Torhaus und weist in den Ortsteil Voggendorf, der so klein ist, dass sich das Prachtexemplar von Bierkeller, den die Familienbrauerei Prechtel dort betreibt, wie von selbst findet.

Wie es sich für ein fränkisches Sommerwohnzimmer gehört, ist der Hügel, auf dem der Voggendorfer Keller thront, von Lagerstollen durchzogen. Sie werden nach wie vor dazu genutzt, das Bier auf Idealtemperatur zu bringen. Obwohl er nur wenige Meter aus den Feuchtwiesen des Aischgrunds heraussticht, lässt sich von dort oben der Lebensraum der Vögel kilometerweit überblicken. Die Tische, von alten Eschen beschattet, sind rund um das mittig platzierte Ausschank- und Küchenhaus arrangiert. Wem es gelingt, der Verlockung zu widerstehen, vielleicht nicht unbedingt auf ewig, aber doch mindestens bis zum Schankschluss endlich wieder einmal seine Zeit völlig zweckfrei zu verhocken, findet dort auch den Einstieg in einen 7,5 Kilometer langen Lehrpfad. Hat man ihn absolviert, weiß man um das Geheimnis, weshalb Meister Adebar auch im nächsten Frühjahr gern zurückkehren wird.

Adresse Voggendorf 23, 91486 Uehlfeld-Voggendorf, Tel. 09163/228, www.brauerei-prechtel.de | **Saison/Öffnungszeiten** April–Sept. Mo–Do ab 17 Uhr, Fr, Sa ab 15 Uhr, So und Feiertage ab 11 Uhr | **Biere** eigene Brauerei | **Essen** traditionelle Brotzeiten, Bratwurst, jeden Freitag gegrillter Fisch | **Ausstattung/Besonderheiten** Spielplatz, Fußballwiese | **Bei Schlechtwetter** Gasthaus im Zentrum von Uehlfeld | **Tipp** Der Biergarten vom Zwanzger, Uehlfelds zweiter Brauerei, mag nicht überragend schön sein, speziell das dunkle Bier aber ist ein wahres Meisterwerk.

98__Waizendorfer Kellerbetrieb

Die Hohe Schule des Purismus

Bei Hinz und Kunz wird dieses unscheinbare Kleinod, das sich am westlichen Ende des Bamberger Speckgürtels in der Weite der Landschaft versteckt, mit Sicherheit nicht das große Aha auslösen. Das Ausschankhaus des Waizendorfer Kellers will nicht kaschieren, dass es aus den ästhetisch fragwürdigen 1980ern stammt. Die dazugehörigen unterirdischen Vorratskammern wurden freilich schon im 19. Jahrhundert in den Fels geschlagen.

Ein Biergarten für Fortgeschrittene. Für Menschen, die den Abend nach guter alter Sitte mit einem Schnitt beenden. Für alle Neigschmeckte, noch nicht Assimilierten: Ein Schnitt ist ein Pi mal Daumen halb gefüllter Krug, der Wirt lässt das Bier laufen, bis der Schaum dessen Rand erreicht hat. Manchmal macht man einen guten, manchmal einen schlechten Schnitt. Man holt ihn sich, wenn es mehr als höchste Zeit ist, nach Hause zu gehen. Um den Aufbruch noch einmal zu verzögern. Man hat nur ein Mal am Abend das Recht, einen Schnitt zu bestellen.

Apropos Neigschmeckten. Noch bodenständiger geht nicht. Deshalb ist dieser Platz wie dafür gemacht, vor sich selbst eine Integrationsprüfung abzulegen. Es gibt eine breite Auswahl altüberlieferter Brotzeiten und, kommt man frühzeitig, so viel Platz, dass man sich garantiert nicht gezwungen sieht, aus purer Freundlichkeit mit Fremden ein paar Worte zu wechseln. Wer, nachdem er seine Portion Presssack verputzt hat, feststellt, dass er Musikbeschallung, coole Accessoires und das ganze andere Zeug vermisst, das in den Fernsehrestaurantbewertungsshows Pluspunkte bringt, der weiß: Er muss um Nachsicht und Geduld bitten, denn ein waschechter Franke ist er noch nicht. Auf dem Keller der 1976 stillgelegten Brauerei Giehl – den Winter über stillen die Bewohner des kleinen Waizendorf im alten Braugasthaus ihren Durst – wird die höchste der fränkischen Tugenden, die Reduktion auf das Wesentliche, in Perfektion zelebriert.

Adresse 96135 Stegaurach-Waizendorf, an der Straße von Waizendorf nach Frensdorf, Tel. 0951/9921075 | **Saison/Öffnungszeiten** circa April–Sept. täglich außer Di ab 16 Uhr | **Biere** Mahrs und andere regionale Brauereien | **Essen** traditionelle Brotzeiten | **Ausstattung/Besonderheiten** Spielplatz | **Bei Schlechtwetter** Gaststube | **Tipp** In Stegaurach geht man an lauen Sommerabenden auf den Mühlenbräu-Keller und gönnt sich eine Brotzeit mit Wurst aus eigener Schlachtung.

99_Brauerei Kundmüller

Weltstars am Sudkessel

Ein dringender Rat an alle, die es für Zeitverschwendung halten, einen Blick auf die Karte zu werfen, weil sie sich eh das Hausbier bestellen werden: nicht im Biergarten der Brauerei Kundmüller! Man sieht dem am Rand des Steigerwalds versteckten Hort fränkischer Gemütlichkeit nämlich nicht an, zu welcher Klasse Roland und Oswald Kundmüller die Brauerei geführt haben, seit Ersterer 1989 in den Betrieb seiner Eltern eingestiegen ist.

Ein nicht ganz aus der Luft gegriffenes Vorurteil besagt, dass die Franken zwischen sich und all dem, was man in anderen Regionen als echten Fortschritt willkommen heißt, einen mindestens zehn Meter breiten Sicherheitskorridor einrichten. 1989 war das Dorfbrauereichen sogar aus ihrer Sicht arg rückständig. Auf das bereits seit 200 Jahren zeitgemäße untergärige Bier hatte man erst in den 1960ern umgestellt. Nur so als Beispiel. Heute spielen die Kundmüllers in der World-Champions-League der Sudhauskünstler mit.

Ja, es lässt sich eine klare Empfehlung aussprechen, welchen Trunk sich der auch dem Exzentrischen zugeneigte Biergourmet auf jeden Fall kommen lassen sollte, während die Kinder am hinteren, oberen Ende des Biergartens, der sich auf zwei Seiten um das in einen Hügel hineingeschobene Gasthaus herumzieht, ihren Spaß haben. Dort warten Ziegen darauf, gefüttert zu werden. Das helle Rauchbier ist eine Neuinterpretation eines Anfang des 19. Jahrhunderts außerhalb Frankens ausgestorbenen Aromenwunders, das, der Name sagt es, auf geräucherten Malzen basiert. Die allergrößten Schätze aber muss man sich einpacken. In der Flasche. Sonst ist er weg. Der Führerschein. Was kommt mit? Alles, dessen Etiketten puristisch modern designt sind oder das über sechs Prozent hat! Pflicht: der Weizenbock. Und eine seiner sündhaft teuren Edelversionen. Die, bei der das Starkbier acht Monate in einem Eichenfass reifen darf, in dem zuvor ein Rotwein ausgebaut wurde.

Adresse Weiher 13, 96191 Viereth-Trunstadt/Weiher, Tel. 09503/4338, www.brauerei-kundmueller.de | **Saison/Öffnungszeiten** Gasthaus ganzjährig, Biergarten nach Witterung, täglich außer Di ab 9 Uhr | **Biere** eigene Brauerei | **Essen** traditionelle Brotzeiten, warme Hausmannskost, fränkisches Sonntagsessen | **Ausstattung/Besonderheiten** gigantischer Spielplatz, Ziegen-Streichelzoo, Gehege mit Meerschweinchen, Gänsen und anderem Federvieh | **Bei Schlechtwetter** überdachter Freisitz, Gasthaus | **Tipp** Im Westen des Steigerwalds, in Neuhausen, einem Ortsteil von Michelau, gibt es einen Biergarten, in dem man – notfalls oder geplant – übernachten kann: das Hexenhäusle.

100_Waldgaststätte Araunerskeller

Wo ein Ofen steht, da gibt's kein schlechtes Wetter

Rund 2,5 Kilometer außerhalb der Stadt. An einem Sträßchen, das sich fast die gesamte Wegstrecke einen Berg hinaufquält. Der letzte von einst 21 Sommerkellern, der in der mittelfränkischen Kleinmetropole Weißenburg noch heute bewirtschaftet wird, darf den Rekord der meisten Kalorien für sich reklamieren, die der Gast verbrennen muss, bevor ihm ein Bier gezapft werden kann. Auch wenn er seine wahre Identität gern hinter dem selbst verliehenen Prädikat »Waldgaststätte« versteckt, handelt es sich um eines jener für Franken so typischen Freiluftwohnzimmer, die über einem in den Fels getriebenen Stollen eingerichtet und in denen den Sommer über ausgeschenkt wurde, was man in der kalten Jahreshälfte direkt darunter eingelagert hatte. In den Untergrund geschlagen wurde er im Winter 1773/74. Von Tagelöhnern, die von November bis April auf den Bauernhöfen keine Arbeit fanden. Im Jahr der Fertigstellung erhielt die Weißenburger Brauerei Zum goldenen Löwen die Genehmigung, ihre Würze mit untergäriger Hefe zu vergären. Das Privileg, Biere dieses damals noch neuen, seltenen und streng reglementierten Typs produzieren zu dürfen, die heute als Märzen, Lager und Pils ganz selbstverständlich in aller Munde sind, setzte voraus, dass ein Felsenkeller zur Verfügung stand.

Das schmucke Wirtshaus des Araunerskellers, dessen Name auf Ludwig Arauner zurückgeht, der die Brauerei Zum goldenen Löwen 1897 übernahm, ist jüngeren Datums. Es eifert dem Vorbild einer 1814 erbauten Kellergaststätte nach, in der ob der abgeschiedenen Lage der Wirt und zur Not auch die Gäste übernachten konnten.

Und heute? Steigt Bratwurstduft auf! Auf der unteren der beiden angenehm schattigen Terrassen wird gegrillt, was der Franke von Herzen begehrt. Auf der oberen steht für den Notfall eine Laube mit Holzofen bereit, dank der es nicht schlimm ist, wenn sich der Sommer von seiner nasskalten Seite zeigt.

Adresse An den Sommerkellern 62, 91781 Weißenburg, Tel. 09141/9977005, www.waldgaststätte-araunerskeller.de | **Saison/Öffnungszeiten** Gasthaus ganzjährig, Biergarten nach Witterung, Di ab 17 Uhr, Mi–So ab 11 Uhr, im Winter Do, Fr ab 17 Uhr, Sa, So ab 17 Uhr | **Biere** Wettelsheimer, Weizen von Gutmann | **Essen** traditionelle Brotzeiten, gutbürgerliche warme Küche, Bratwürste vom Grill | **Ausstattung/Besonderheiten** Spielplatz | **Bei Schlechtwetter** beheizbare Laube, Gasträume | **Tipp** Im Nachbarort Ellingen bietet der Biergarten des Fürst Carl Bräustüberls ein hochherrschaftliches Ambiente. Er liegt im Vorhof eines monumentalen Barockschlosses.

101 Klosterbrauerei Weißenohe

Im Dschungel der Gemütlichkeit

Die Weißwurst, das muss man ihren Erfindern zugestehen, den Halunken aus München, die immer nur sich selbst im Blick haben, ist der Geniestreich unter den kulinarischen Muntermachern. Von den Franken mit besonderer Inbrunst verehrt wird das Dickerchen in einem Biergarten, den sie auffällig gern zu einer Zeit ansteuern, zu der das erste von vielen Seidlas, die bis zum Abend folgen werden, lieber nicht bis in den Kopf durchschlagen sollte. Denn der lauschige Hofausschank der Klosterbrauerei Weißenohe ist – je nach Laufrichtung – der Ausgangs- oder Endpunkt des bekanntesten und beliebtesten Genusswanderwegs durch die Fränkische Schweiz, des Fünf-Seidla-Steigs.

Man lässt sich von einer Bummelbahn, die vom Nürnberger Nordostbahnhof in Richtung Gräfenberg aufbricht, bis zum Bahnhof des namensgebenden Orts bringen, dort eine Stempelkarte aushändigen und sich sofort das erste von fünf Feldern abstreichen. Zeitgleich mit dem für die Region idealtypischen Altfränkisch Klosterbier, dessen kantiger Geschmack und dessen bernsteindunkle Farbe dem extrem kalkhaltigen Weißenoher Wasser geschuldet sind, legt man sich eine solide Grundlage in den Magen, die aber nicht zu schwer ist. Denn es gilt, eine 15 Kilometer lange Wanderung zu absolvieren, die über vier weitere Brauereien und ihre Biergärten führt: Friedmann, Lindenbräu, Hofmann in Hohenschwärz und Elch-Bräu in Thuisbrunn.

… um auf dem Rückweg erneut in Weißenohe zu stranden. Es sitzt sich dort halt zu schön. Seit der Biergarteneröffnung 1995 hatte das Gesträuch, mit dem Braumeister und Inhaber Urban Winkler den zwischen einem alten Klosterstadel und seinem in den 1970ern neu gebauten Sudhaus eingepassten Hof bepflanzen ließ, viel Zeit, um ihn von allen Seiten und auch von oben einzuwachsen. Ein Dach aus Blättern filtert und entschärft das grelle Sonnenlicht. Willkommen im Dschungel der Gemütlichkeit.

Adresse Klosterstraße 20, 91367 Weißenohe, Tel. 09192/6357, www.das-wirtshaus-klosterbrauerei-weissenohe.de | **Saison/Öffnungszeiten** Biergarten April–Okt., Gasthaus ganzjährig, Mi–Fr ab 11 Uhr, Sa, So ab 10 Uhr | **Biere** eigene Brauerei | **Essen** traditionelle kalte und warme Küche | **Ausstattung/Besonderheiten** im Sept. Ausstellung moderner Kunst | **Bei Schlechtwetter** Gasthaus | **Tipp** Ebenfalls an der Bahnstrecke Nürnberg–Gräfenberg liegt Igensdorf, vor dessen urig-rustikalem Gasthaus Zum Grünen Tal im Sommer einfache Bierzeltgarnituren stehen.

102 Felsenkeller Utz

Wo der Wolf das Rotkäppchen nie gefunden hätte

Es ist ein Dilemma. Denn der Sommer denkt noch lange nicht daran, Abschied zu nehmen, da macht Andreas Utz sein tief im Wald verstecktes Ausschankhaus, die 350 Sitzplätze und den dazugehörigen Spielplatz bereits winterfest. Der urgemütliche, immer schattige, weit außerhalb des Dörfchens Weppersdorf gelegene Felsenkeller, den seine Familie seit Generationen betreibt, schließt bereits nach dem letzten August-Wochenende. Selbstverständlich gibt es dafür einen guten Grund: eine der durchgeknalltesten Kerwas, von denen man im an bizarren Bräuchen wahrlich nicht armen Franken je gehört hat.

Die in der warmen Jahreszeit eigentlich geschlossene Dorfwirtschaft der Utz ist der Dreh- und Angelpunkt des dreitägigen Kirchweihtreibens, mit dem die Weppersdorfer an ein Wunder erinnern, das die heilige Anna 1743 vollbrachte. In diesem Jahr grassierte im Ort eine Viehseuche. Bis zu dem Moment, in dem man sie um Hilfe bat. Am letzten Sonntag im September werden zu ihren Ehren Haus und Hof des jüngsten Kerwaburschen durchsucht. Stets wird dort ein leeres Fass Bier gefunden. Um ein zweites aufzustöbern – das volle –, muss dann wirklich alles durchwühlt werden.

Aber wir schweifen ab, wollten uns eigentlich auf dem Sommerkeller ein Seidla genehmigen, für den Andreas Utz bewusst kaum Werbung macht. Denn er will die Atmosphäre eines lauschigen Verstecks bewahren, in dem der böse Wolf das Rotkäppchen nie gefunden hätte – und deshalb nicht, dass sein Märchenwald von erlebnishungrigen Städtern gestürmt wird, die bei ihren Landpartien ja immer so gehetzt wirken. Wer sich hierher aufmacht, nähere sich seinem Ziel mit der gebotenen Demut. Man nutzt gleich den ersten Parkplatz am Waldrand und läuft das letzte Stück! Fahrradfahrer schieben, sobald sie die Tische erblicken. Auch, weil es hier Gesetz ist, dass die Kinder ganz sie selbst sein dürfen und überall herumsausen und spielen.

Adresse Tel. 0160/4393470, www.landgasthaus-utz.de, von Weppersdorf in Richtung Willersdorf fahren, wo eine Fahne weht, nach rechts auf einen Feldweg abbiegen, ab hier beschildert, Dorfgasthaus: Weppersdorf 13, 91325 Adelsdorf-Weppersdorf | **Saison/Öffnungszeiten** Mai – Ende Aug. Mi–Fr ab 16 Uhr, So und Feiertage ab 11 Uhr | **Biere** St. GeorgenBräu, Weizen von Rittmayer | **Essen** traditionelle Brotzeiten, warmer Imbiss, wechselndes Tagesgericht, freitags gegrillte Makrele | **Ausstattung/Besonderheiten** großer Spielplatz, Tretautos, Verkauf von Kartoffeln und Eiern | **Bei Schlechtwetter** Freisitz | **Tipp** Im nahen Höchstadt an der Aisch gibt es eine beeindruckende Kellergasse, die allerdings nur während des jährlichen Kellerfestes und zum »Stärk' Antrinken« von einem Verein bewirtschaftet wird (www.kellerberg-hoechstadt.de).

103__Gasthof Schiller

Wie von Künstlerhand gemalt

Unbestritten ist dieser weitläufige Sommerkeller, der sich zur Linken eines bildhübschen, in den 1840ern aus hellem Sandstein aufgemauerten Gasthauses einen Hügel hinaufzieht, einer der allerschönsten. Mindestens. Und er ist wohl auch der älteste.

Eine Sage erzählt, dass dort, wo sich heute Alltagsflüchtlinge aus nah und fern über ein Schäufele beugen, das ihnen aus einem Fenster mit altmodisch grünen Läden gereicht wurde und dessen Fleisch so zart ist, dass es von selbst zerfällt, einst eine Kirche errichtet werden sollte. Aber Morgen für Morgen war das Baumaterial verschwunden. Gott selbst hatte es ins direkt benachbarte Amlingstadt verschoben, wo er sein Zuhause haben wollte. Dank archäologischer Funde wissen wir, was dahintersteckt. Um sich Zugriff zum Territorium der heidnischen Slawen zu verschaffen, gründete der Würzburger Bischof Berowelf im 8. Jahrhundert an der Straße, die in ihre Stammländer führte, eine autarke, aus drei Höfen bestehende Missionsstation. Während sich die eine bald zur Pfarrei mauserte, blieb der Kleebhof – im Grunde bis heute – eine Rast- und Versorgungsstation für Fuhrleute und Reisende. Gasthof Schiller heißt er erst, seit er 1980 in den Besitz der namensgebenden Familie überging. Der Standort des dritten Hofs liegt im Dunkel der Geschichte.

Der 1847 in Berlin geborene Maler Max Liebermann, Meister naturalistischer und zugleich ins Lieblich-Romantische weichgezeichneter Momentaufnahmen aus dem Leben der einfachen Leute, hat auf seinen Reisen immer wieder Biergärten gemalt. Diese Bilder sind Ikonen, denn sie haben unsere kollektive Vorstellung eines Sommeridylls definiert. Hätte der Künstler geflunkert und behauptet, dass sie alle in Wernsdorf im Garten des Gasthofs Schiller entstanden sind, niemand hätte ihm das Gegenteil beweisen wollen. Das globale Ideal. Es liegt – natürlich – in Franken in einem winzig kleinen Dorf.

Adresse Amlingstadter Straße 14, 96129 Strullendorf-Wernsdorf, Tel. 09543/44020, www.gasthof-schiller.de | **Saison/Öffnungszeiten** Gasthaus ganzjährig, Biergarten nach Witterung, Mo ab 17 Uhr, Di–So ab 11.30 Uhr | **Biere** Huppendorfer, Hübner, St. GeorgenBräu, Schlenkerla | **Essen** traditionelle Brotzeiten, fränkische und modern-vegetarische warme Küche | **Ausstattung/Besonderheiten** Tageszeitungen, gigantischer Spielplatz, Gehege mit Hasen und Federtieren | **Bei Schlechtwetter** überdachter Freisitz, Gasthaus | **Tipp** Auch Wernsdorfs zweites Gasthaus, der Sauer, lockt mit einem Biergarten.

104_ Wettelsheimer Keller

Diva am Ende der kultivierten Welt

Man kann es sich kaum vorstellen, dass sich Bierfranken einstmals fast bis zur Donau erstreckte, auch ganz im Süden, am Hahnenkamm, die Dichte an Brauereien rekordverdächtig hoch war. Fährt man zum Beispiel von Treuchtlingen in das bis 1972 eigenständige stattliche Nachbardorf Wettelsheim und wählt die durch eine Ortsumgehung ersetzte alte Verbindungsstraße, passiert man auf den letzten 500 Metern gleich vier historische Bierkeller. Drei sind schon lange dem Verfall preisgegeben, stehen aber unter Denkmalschutz.

Der vierte hingegen, auf dessen Höhe der schmale Teerweg von der neuen Staatsstraße abzweigt (damit ist er eigentlich der erste), hält die Erinnerung an eine glorreiche Vergangenheit mit einer Überzeugungskraft am Leben, die ihn zu einer Legende hat aufsteigen lassen. Müssten alle Herren, die im Umkreis von 50 Kilometer zu Hause sind, ihren Gattinnen offen gestehen, von wem sie sich mehr angezogen fühlen, dem Freiluftausschank oder der nackten Marlene Dietrich, das Ergebnis wäre eindeutig. Der Wettelsheimer Keller ist Mittelfrankens letzte ganz große Diva. Auch, weil die Pächter, die Familie Walk, dort das Bier noch immer vor aller Augen aus gepichten Eichenholzfässern zapfen.

Kilometerweit schweift der Blick von seinen drei Terrassen aus über das flache Schwemmtal der Altmühl. Die berauschende Aussicht wussten schon die antiken Römer zu schätzen. Sofern man Johann Nepomuk von Raiser (1768–1853) Glauben schenkt. Der Augsburger Altertumsforscher berichtet von einem Wettelsheimer Brauer, der beim Bau seines Felsenkellers auf die Steine eines antiken Wachturms zurückgegriffen und dabei eine römische Münze gefunden hat. Da von Raiser seinen Namen nennt, muss der Wettelsheimer Keller zwischen 1780 und 1815 entstanden sein. In dieser Zeit gehörte die Brauerei Strauß einem Nikolaus Erdinger. Zum Sommergarten ausgebaut wurde sein Eis- und Bierlager aber erst um 1845.

Adresse Treuchtlinger Straße 26, 91757 Treuchtlingen-Wettelsheim, Tel. 09142/7740, www.wettelsheimer-keller.de | **Saison/Öffnungszeiten** Mai–Sept. Do–So ab 10 Uhr, Juli, Aug. zusätzlich Mo–Mi ab 16 Uhr | **Biere** Wettelsheimer | **Essen** traditionelle kalte und warme Küche | **Ausstattung/Besonderheiten** Spielplatz, Decken zum Wärmen an kühlen Abenden | **Bei Schlechtwetter** kleiner Gastraum | **Tipp** Der Röschelskeller im nicht weit entfernten Gunzenhausen ist ebenfalls ein echter fränkischer Felsenkeller – im Süden einer der letzten seiner Art.

105_Brauerei-Gasthof Hellmuth

Arche einer (fast) verlorenen Köstlichkeit

Es gibt Biergärten, die man aufsucht, weil der Mensch zu 70 Prozent aus Wasser besteht, seine Haut mit bis zu vier Millionen Poren bestückt ist und es an den Hundstagen schon mal passieren kann, dass man in nur einer Stunde gut zehnmal zehn mal zehn Zentimeter seines Körpervolumens verliert. Und es gibt den Hellmuth und seinen Biergarten – ein Traditionslokal, in dem, wie es auf den Sommerkellern gang und gäbe ist, sich seine Brotzeit selbst mitzubringen der eigenhändig ausgeführten Amputation eines Beins gleichkommen würde. Schon richtig: Man sucht die Dorfwirtschaft, die sich seit 1825 im Besitz der namensgebenden Familie befindet, wegen ihres selbst gebrauten Lagers auf. Auch! Berühmt aber ist das Haus zuallererst dafür, dass dem Franken beim Schnaps danach folgender Satz entfährt: »Hier schmeggds ma fei pfeilgrad no bessa wie bei meinä Muddä!«

Wer das bis 1836 direkt am Ufer des Mains gelegene, 1975 dem für seine Heilwassertherme bekannten Bad Staffelstein zugeschlagene bildhübsche Dörfchen Wiesen erreicht und seinen Platz im Hof vor dem Wirtshaus gefunden hat, sollte zunächst der Frage nachgehen, ob die Küchenchefin am Tag zuvor Mehl, Butter und Sauerrahm zu einem Teig verknotet hat und deshalb heute das kryptische Wortpaar »Geschnittener Haase« auf eine Tafel geschrieben hat. Wenn ja, ist dringend anzuraten, das Menü auf den in Franken einst omnipräsenten Kuchenersatz der armen Leute abzustimmen. Die Form des in Schweineschmalz ausgebackenen, mit Zucker bestreuten, vom Aussterben bedrohten süßen Knotens erklärt seinen Namen.

Der Hellmuth, eine Arche für Geschmackserlebnisse, die nach dem Triumph der Schnellküche ihre Existenzberechtigung abgeben mussten wie ein Handwerksgeselle, der nach 40 Dienstjahren durch einen Roboter ersetzt wurde, seine Zugangskarte in die Firma? Ja! Aber auch eine bodenständige Dorfkaschemme.

Adresse Wiesen 14, 96231 Bad Staffelstein-Wiesen, Tel. 09573/4395, www.gasthaus-hellmuth.de | **Saison/Öffnungszeiten** Gasthaus ganzjährig, Biergarten nach Witterung, Di–So ab 11 Uhr | **Biere** eigene Brauerei | **Essen** traditionelle kalte und warme Küche, Kaffee und Kuchen | **Ausstattung/Besonderheiten** kleiner Spielplatz, Hunde nicht erwünscht | **Bei Schlechtwetter** Gasthaus | **Tipp** Im Vorhof des nahen Klosters Banz bemüht sich die arg durchrationalisierte Klosterschänke redlich, dass auch bei ihr eine zünftige Biergartengemütlichkeit aufkommt.

106 Kellerwaldschänke Lunz

Das fränkische Utopia

Kinder brauchen Bewegung. Und ihre Eltern für die sonntägliche Fahrradtour deshalb eine Wegstrecke, bei der das Höhenprofil auf die Beinlänge des Nachwuchses abgestimmt ist. Klug, wie der Herrgott nun einmal ist, hat er Franken mit Landschaften ausgestattet, die sogar mitwachsen. Im westlichen Hinterland von Forchheim zum Beispiel, wo er das Flüsschen Aisch einen flachen Talgrund hat ausschwemmen lassen und wo er die Hügel exakt so hoch aufgeschichtet hat, dass keiner der kleinen Racker, ob erst sieben oder schon zwölf, kapitulieren muss. Ob sie endlich neun sind oder 14: Die Routen werden steiler und länger. Aber das Zwischenziel bleibt: ein Bierkeller, so groß wie ein Park.

Man sieht es der Kellerwaldschänke Lunz nicht an, aber die Lage weit außerhalb des Orts trügt auch diesmal nicht, sie hat ihren Ursprung in einem unterirdischen Stollen, in dem in diesem Fall aber keine Brauerei, sondern ein Gehöft seine privaten Biervorräte kühl hielt. 1905 hat ihn die Familie Lunz in den Fels getrieben. An der Umgehungsstraße, die am kleinen Willersdorf vorbeiführt, auf eine Fahne achten, sie weist den Weg.

2007 übernahmen die Brüder Andreas und Christian Lunz die Regie über das Paradies am Waldrand, ein fränkisches Utopia, in dem für alle Platz ist. Wem ein Schäufele mit Kloß zu ordinär schmeckt: Christian Lunz' Steckenpferd ist die gehobene Gourmetküche. Wer sich auswärts zu essen nicht leisten kann: Brotzeit selbst mitbringen. Wer die Anfahrt mit dem Rad nicht geschafft hat, obwohl er schon zehn ist, soll sich halt auf dem gigantisch großen Spielplatz auspowern. Toben erlaubt! Wer sein Mittagsschläfchen braucht, wird trotzdem Ruhe finden. Wer nur mit Rollator aus dem Haus kann, muss sich nicht zwingend an den erstbesten Tisch setzen, dieser Biergarten ist – in Franken eine Ausnahme – weitgehend barrierefrei. Soziale Schere? Abschätzige Blicke? Oben tritt nach unten und vice versa? All das kennt man hier nicht.

Adresse Willersdorf 273, 91352 Hallerndorf-Willersdorf, Tel. 09195/3271, www.kellerwaldschaenke-lunz.de | **Saison/Öffnungszeiten** Gaststube ganzjährig, Biergarten April–Sept. Mo, Mi–Fr ab 16 Uhr, Sa ab 14 Uhr, So ab 11 Uhr | **Biere** Greif | **Essen** traditionelle Brotzeiten, große und kleine warme Gerichte, Salate, Kaffee und Kuchen, freitags gegrillte Makrele | **Ausstattung/Besonderheiten** riesiger Spielplatz mit Fußballwiese, Auftritte von Livebands | **Bei Schlechtwetter** Gaststube | **Tipp** Im nahen Eggolsheim lohnt es sich, im Bierkeller Schwarzes Kreuz einzukehren.

107__Wölfersdorfer Biergarten

Das hier ist ganz schön harter Stoff

Sie wollten doch nur Gutes. Aber davon gleich so viel, dass das Jahr des Volksbegehrens »Rettet die Bienen!« als ein schwarzes in die Geschichte der Fränkischen Schweiz eingehen wird. Als den Bauern klar war, dass die Naturschützer Erfolg haben würden, holten etliche von ihnen ihre Motorsäge aus dem Schuppen. Denn, so interpretierten sie das Kleingedruckte, der Gesetzgeber würde sich gezwungen sehen, alle Flächen mit Obstbaumbestand zu Biotopen umzudeklarieren – und nur wer seinen Hain rechtzeitig zu einer Wiese herabstutzte, würde ihn weiterhin bewirtschaften dürfen. 2019 verlor eine der letzten von Streuobstwiesen geprägten Landschaften Tausende Apfel-, Birnen-, Kirsch- und Zwetschgenbäume.

Wer mit allen Sinnen erleben will, welch großer Schatz jetzt Kleinholz ist, dem sei empfohlen, sich in den Fruchtkorb der Fränkischen Schweiz aufzumachen, genauer gesagt auf die Hochebene, die sich zwischen dem Markt Hiltpoltstein und dem Dorf Lilling ausbreitet. Dort, im 25 Einwohner kleinen Wölfersdorf, verantwortet die ehemalige Kirschkönigin Katrin Deuerlein-Braun einen Hof, auf dem die Geschenke, mit denen die Natur vom Frühjahr bis zum Herbst die Bäume dekoriert, wie eh und je in Form von Saft und edlen Bränden konserviert werden. Damit man die kulinarischen Kunstwerke auch am Ort des Entstehens genießen kann, stellt sie seit 2011 jedes Jahr im Kirschgarten hinterm Haus Tische und Stühle auf. So können ihre Gäste bis zur Ernte im Juni das Wunder hautnah miterleben, wie sich die Blüten allmählich zu roten Bällchen ausformen.

Biergärten, bei denen man in einem Obstgarten sitzt, gibt es in Franken etliche. Aber an das Wölfersdorfer Idyll reicht keiner von ihnen heran. Das liegt an der Größe des Hains, der Aussicht übers Bauernland und den vielen Tieren, die da und dort grasen dürfen. Obwohl ein Schnäpschen einfach sein muss: ein Biergarten für die ganze Familie.

Adresse Wölfersdorf 4, 91355 Hiltpoltstein-Wölfersdorf, Tel.09192/997657, www.biergarten-fraenkische-schweiz.de | **Saison/Öffnungszeiten** 1. Mai–Ende Sept. Do, Fr ab 16 Uhr, Sa ab 14 Uhr, So, Feiertage ab 11 Uhr | **Biere** Weißenohe, Veldensteiner | **Essen** warme und kalte Küche, von traditionell bis Currywurst, wechselnde Tagesgerichte | **Ausstattung/Besonderheiten** großer Spielplatz, Fußballwiese, Tränke für Pferde | **Bei Schlechtwetter** Gastraum | **Tipp** Auch im Nachbarort Lilling gibt es einen Selbstvermarkter, der aus Streuobst Schnäpse brennt, den GenussHof Pingold.

108_Waldschänke Dornheim

Relaxtes Freiluftloft mit Kunst

In Berlin treten sie sich gegenseitig auf die Füße. Trend- und Location-Scouts, die ihren Lebensunterhalt damit bestreiten, die Hotspots der urban Coolness, des total frischen Looks und der angesagten Leute zum neuesten Schrei von morgen zu erklären. Wäre es nicht eine Idee, auch mal über den Tellerrand der Hauptstadt hinauszublicken, in der Provinz vorbeizuschauen? In Würzburg zum Beispiel, wo zwei gegensätzliche Pole, ein tief in die Identität der Stadt eingeschriebener Katholizismus und der kreative Freigeist von 28.400 Studenten, ein hochenergetisches Spannungsfeld erzeugen.

Es könnte wie die Faust aufs Auge passen, dass sich die Jungen und Junggebliebenen ausgerechnet ein Schlösschen, das sich ein Domherr 1719 für seine ganz privaten Vergnügungen hat bauen lassen, als ihr kollektives Sommerdomizil auserkoren haben. Doch die Ära, in der Söhne und Töchter der Generation ihrer Erzeuger vorsätzlich wehtun wollten und deshalb einer kompromisslosen Stadtguerilla applaudierten, ist ja zum Glück schon lange vorbei. Noch relaxter, lässiger und verspielter als im Freiluftloft der Waldschänke Dornheim kann eine Biergartenatmosphäre gar nicht sein. Als wären sie getönte Brillen, filtern uralte Kastanien das Sonnenlicht. Jemand singt zur E-Gitarre. Diverse Künstler und Kreative haben da und dort ihre hippen Duftmarken eingepasst. Für alle, die sich in den Urlaub wegträumen wollen, wurde ein Sandstrand aufgeschüttet. Hätte sich Pippi Langstrumpf, nachdem ihre Goldmünzen aufgezehrt waren, für den ehrbaren Beruf der Wirtin entschieden, genau so hätte sie den Garten ihrer Villa Kunterbunt gestaltet.

Historiker kennen die Waldschänke Dornheim als Talavera-Schlösschen. Das von Franz Georg Faust von Stromberg für die von ihm bevorzugten, recht privaten Vergnügungen mitten in die damaligen Flutpolder des Mains gesetzte, regelmäßig von Wassermassen durchgespülte Kleinod steht bereits seit 1806 allen Erholungssüchtigen offen.

Adresse Talaveraplatz, 97082 Würzburg, Tel. 0931/46779933, www.waldschaenke-dornheim.de | **Saison/Öffnungszeiten** Biergarten nach Witterung, Mo–Fr ab 17 Uhr, Sa ab 15 Uhr, So ab 12 Uhr; ganzjährig Club und Bar, im Winter außerhalb des Weihnachtsmarkts nur Fr, Sa ab Mitternacht | **Biere** Würzburger Hofbräu, Mönchshof, Keiler | **Essen** hippe, auch vegetarische kalte und warme Gerichte | **Ausstattung/Besonderheiten** regelmäßig Livemusik/DJs, Spielplatz | **Bei Schlechtwetter** überdachter Freisitz | **Tipp** Das etablierte Würzburg trifft sich an lauen Sommerabenden an der Alten Mainbrücke. Auf dem Flussübergang wird Wein getrunken, zu seinen Füßen ziehen sich an beiden Ufern diverse Biergärten entlang.

109 Würzburger Hofbräukeller

Im Herzen weltweit immer dabei

Es war nicht viel, was die armen Schlucker mitnehmen konnten, um sich auf der anderen Seite des Großen Teichs an ihr altes Zuhause zu erinnern. Ihr Gepäck bestand vor allem aus Hoffnung. Mindestens so schwer wog die Unsicherheit, wie es ihnen in den USA ergehen würde. Halt fanden sie in der Bord-Kneipe der Transatlantik-Dampfer. Dort floss ein Schluck Heimat aus dem Hahn: Würzburger Hofbräu. Hunderttausende von Briefen, in denen die Zurückgebliebenen von diesem wahrlich unerwarteten flüssigen Seelentrost erfuhren, erklären, weshalb es ausgerechnet einer Brauerei gelungen ist, zu einem lokalen Heiligtum aufzusteigen, die als eine der ersten in Franken auf die industriellen Produktionsmethoden der Münchner Großsudhäuser umstellte.

Dem bayerischen Vorbild eifert auch der Biergarten nach, den Henry Theodore Böttinger 1876 hoch über dem Mainufer anlegen ließ, als er die Würzburger Hofbräu aus dem historischen Mainviertel an ihren heutigen Standort verlegte. Drei Jahre zuvor hatte er sie von seinem Vater übernommen. Wie bei der Münchner Konkurrenz wurde der unterirdische Lagerkeller nicht aus einem festen Gestein herausgemeißelt, sondern aufgemauert. Noch heute imposant: die Stützmauern in der Jägerstraße. Damit sich das vor den Blicken der Durstigen verborgene Bierlager im Sommer nicht zu sehr aufheizte, ließ Böttinger Kastanien pflanzen. Ihre Wurzeln wollen nicht in die Tiefe und damit auch nicht in das Bauwerk vordringen. 150 Jahre hatten sie Zeit, um zu jenen mächtigen Schattenspendern heranzuwachsen, die sie heute sind. Sind sie der zweite Grund, weshalb ausgerechnet dieses Freiluftgasthaus 2013, 2014 und 2015 von der Online-Community »Biergartenfreunde« zu Deutschlands schönstem gewählt wurde? Das Potenzial hätte er schon! Wenn sich Böttingers Entscheidung, auf Masse statt auf große Klasse zu setzen, nicht nur beim Bier, sondern auch in der Küche für alle Zeit erledigt hätte.

Adresse Jägerstraße 17, 97082 Würzburg, Tel. 0931/42970, www.wuerzburger-hofbraeukeller.de | **Saison/Öffnungszeiten** Gasthaus ganzjährig, Biergarten nach Witterung, täglich ab 10 Uhr | **Biere** Würzburger Hofbräu, Mönchshof | **Essen** traditionelles und gutbürgerliches Miteinander, kalt und warm | **Ausstattung/Besonderheiten** großer Premium-Bereich mit Bedienung, separate Selbstbedienungs-Zone, Spielplatz, Tischtennisplatten | **Bei Schlechtwetter** Wintergarten, Gasträume | **Tipp** Auf dem Käppele, Würzburgs Wallfahrtsberg, liegt ein Biergarten mit einer sensationellen Aussicht: der Nikolaushof.

110 Zur Alten Freyung

Jedem vom Durst Verfolgten wird Asyl gewährt

»Kaiser Heinrich Urstoff« nennt die Brauerei Göller ihr Paradebier, das im Unterschied zu den für die fränkischen Freiluftgasthäuser typischen Kellerbieren filtriert wird. Ein Trunk, der polarisiert. Wie auch der Biergarten der Brauerei, die Alte Freyung, ein Sommerausschank bayerischen Typs mit Kastanien und Kies auf dem Boden. Nicht wenige nehmen Superlative in den Mund, sprechen vom »besten« und »schönsten«. Während es für andere bereits zu viel des Lobes wäre, den in den letzten Jahrzehnten zu stattlicher Größe herangewachsenen Familienbetrieb auch nur zu erwähnen.

Kaiser Heinrich II. (978–1024), der Gründer des Bistums Bamberg, ziert auch ein mit 1514 datiertes Steinrelief, das die Gäste der Brauereiwirtschaft und des in ihrem Hinterhof gelegenen, ummauerten und daher windgeschützten Sommergartens daran erinnern soll, dass es ein Nachfolger des Patrons der Franken war, der den Zeilern ihr gastronomisches Heiligtum geschenkt hat. Wann und wie genau, liegt im Dunkel der Geschichte. Belegt ist, dass der Bamberger Bischof 1514 genehmigte, dort, wo heute auf seinen Stammvater angestoßen wird, Bier zu brauen und auszuschenken. Darüber hinaus soll er das Areal zu einem rechtsfreien Raum, einer Freiung, erklärt haben, in dem von der Justiz verfolgte Untertanen Asyl suchen konnten. Wahrscheinlicher ist, dass er lediglich die Besitzer von der Steuer befreite. Aufgrund der in Kriegszeiten ungünstigen Lage außerhalb der Stadtmauer. Dieses Privileg ist für 1514 dokumentiert und wurde 1602, so ein weiteres Dokument, zu erneuern verweigert.

Bleibt zu erwähnen, wann sich ein Besuch des kürzlich generalsanierten und deshalb nicht mit einer dicken Patina überzogenen Trinkhofs ganz besonders lohnt. Jeden ersten Samstag im Monat sticht die Familie Göller mit großem Hallo eine Bierrarität an. Da sie nur einmal im Jahr gebraut wird, gibt es sie nur, solange der Vorrat reicht.

Adresse Speiersgasse 21, 97475 Zeil a. Main, Tel. 09524/9554, www.zur-alten-freyung.de | **Saison/Öffnungszeiten** Gasthaus ganzjährig, Biergarten nach Witterung, Juni, Juli, Aug. täglich ab 9.30 Uhr, in den anderen Monaten Di Ruhetag | **Biere** eigene Brauerei | **Essen** traditionelle Brotzeiten, gutbürgerliche warme Küche, vegane Gerichte | **Ausstattung/ Besonderheiten** Spielplatz | **Bei Schlechtwetter** überdachter Freisitz, Gasthaus | **Tipp** Im Industriegebiet von Zeil begeistert ein Nebenerwerbs-Biergarten neuen Stils alle, die sich nicht von seiner Lage abschrecken lassen: Bauer Roberts Brotzeitkeller (Augsfelder Weg 11).

111_Gasthof Zum Hollerstein

Diese Wasserstraße kennt keine Raser

An Tagen, an denen man gar nicht so viel Flüssigkeit nachkippen kann, wie einem die Stirn hinunterläuft, stellt sie sich. Die Frage: Wie langsam darf es heute sein? Dringend wird zu Folgendem geraten: Zu Bayerns Fluss mit der geringsten Fließgeschwindigkeit aufzubrechen, dort ein Kanu auszuleihen und das per se erfrischende Sich-treiben-Lassen durch Maßnahmen wie Badepausen, Hand-ins-H_2O-Halten und durch Aus-Versehen-ins-kühle-Nass-Hineinfallen um ein Weiteres zu entschleunigen. Die ab Treuchtlingen mit Nussschalen befahrbare Altmühl ist Frankens probatestes Rezept gegen einen Hitzekoller. Das Beste aber kommt erst noch …

Wie die Pedalritter, die neben dem Fluss in Richtung des schon oberbayerischen Eichstätt rollen, kann man auch dann, wenn man auf ihm unterwegs ist, einen der schönsten Biergarten nicht verfehlen, die sich in den fränkischen Ausflugslandschaften verstecken. Er liegt in Zimmern, dem nächsten Dorf hinter Pappenheim, und kündigt sich dank einem imposanten Wahrzeichen schon von Weitem an, einem gebogenen Steilhang, hoch und geformt wie eine Klippe. Wo am linken Ufer fröhliche Menschen ihre Füße ins Wasser strecken, von anderen aus diesem nur der Kopf herausragt: am Bootsanleger festmachen!

Eine weitläufige Wiese direkt am Fluss. Teils im Schatten gigantisch alter Kastanien und Linden. Teils für jene reserviert, die sich statt mit einem Handtuch in der prallen Sonne trocknen wollen. Auf dem Gras ein paar Bierzeltgarnituren verteilt. Weniger ist mal wieder mehr! Wer Durst und Hunger hat, huscht schnell über die Dorfstraße und holt sich in der 300 Jahre alten, rustikalen Wirtschaft, wonach sein Gaumen begehrt. Nicht entgehen lassen sollte man sich, was die Familie Rottler in ihrem Zweitbiergarten direkt vorm Haus serviert. Die Schäufele sind von einer beeindruckenden Dimension und Zartheit, freitags wird frischer Fisch aufgetischt.

Adresse Zimmern 32, 91788 Pappenheim-Zimmern, Tel. 09143/753, www.hollerstein.de | **Saison/Öffnungszeiten** Gasthaus ganzjährig, Biergarten nach Witterung, Mo, Do–So ab 7 Uhr | **Biere** Wurm, Strauß | **Essen** traditionelle kalte und warme Küche, Kaffee und Kuchen | **Ausstattung/Besonderheiten** eigener Kanuverleih mit Abholservice, Abholstation für andere Kanuverleiher | **Bei Schlechtwetter** Wintergarten, Gasträume | **Tipp** Im nächsten Ort – Solnhofen – ist der Biergarten der Kleinkunstbühne »Alte Schule« ein gutes Argument, um die Flussfahrt auf der Altmühl erneut zu unterbrechen.

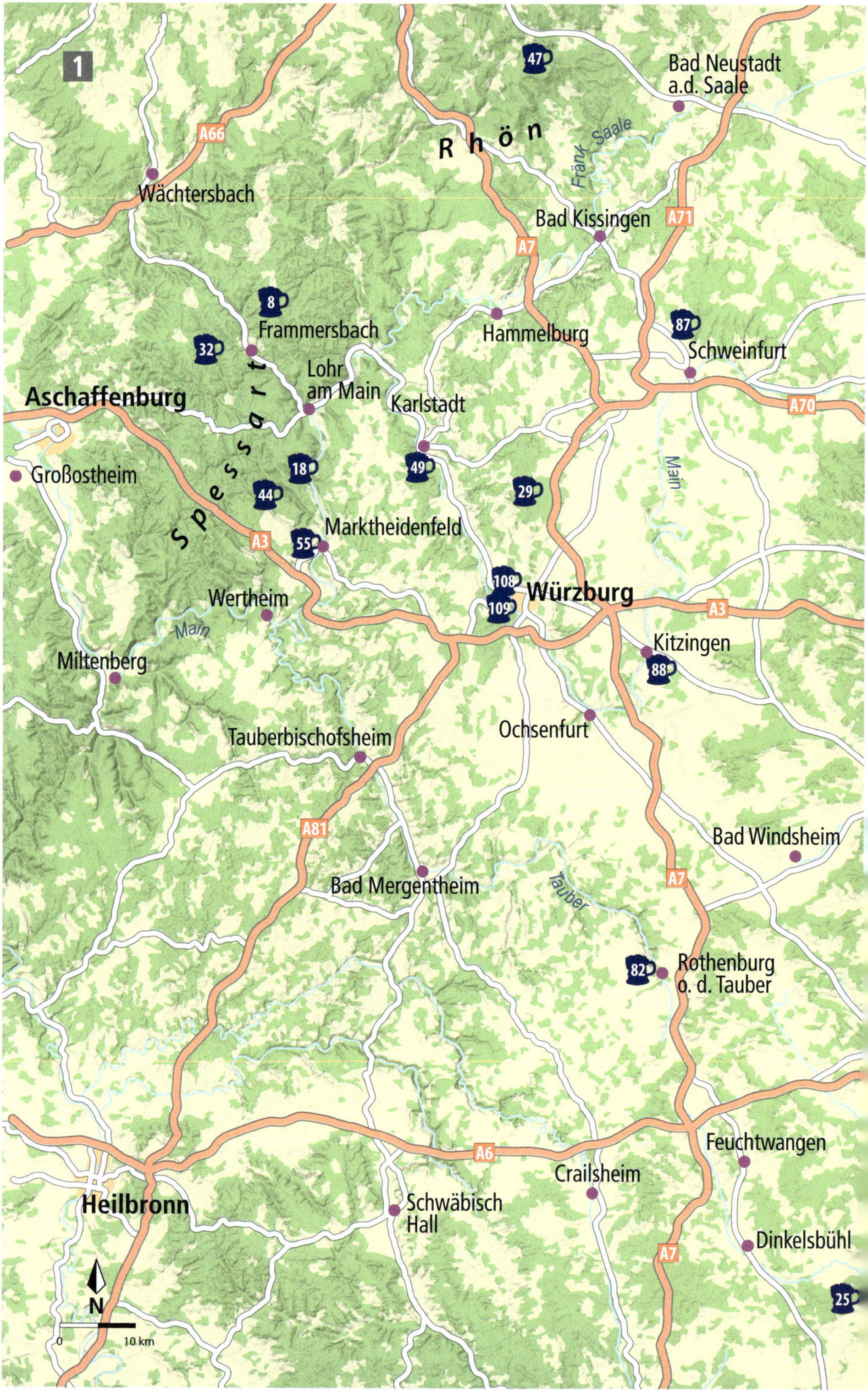
1
Bad Neustadt a.d. Saale
47
Rhön
Fränk. Saale
A66
Wächtersbach
Bad Kissingen
A71
A7
8
Frammersbach
Hammelburg
87
Schweinfurt
32
Lohr am Main
Spessart
Aschaffenburg
Karlstadt
A70
Großostheim
18
49
29
Main
44
Marktheidenfeld
A3
55
108
Würzburg
109
Wertheim
A3
Main
Kitzingen
88
Miltenberg
Ochsenfurt
Tauberbischofsheim
A81
Bad Windsheim
Bad Mergentheim
A7
Tauber
82
Rothenburg o. d. Tauber
Feuchtwangen
A6
Crailsheim
Heilbronn
Schwäbisch Hall
Dinkelsbühl
A7
N
0
10 km
25

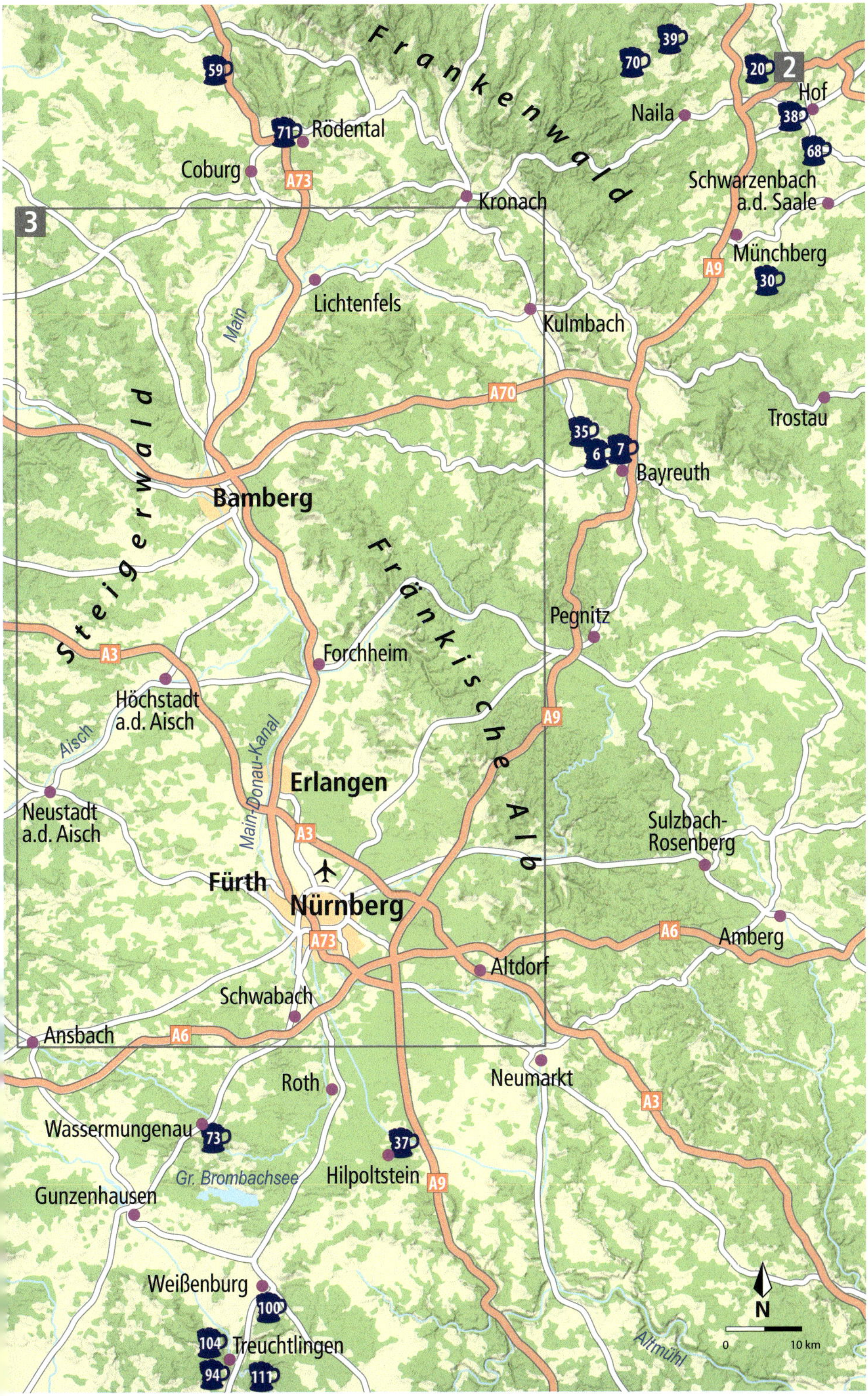
Frankenwald
Naila
Hof
2
Rödental
Coburg
A73
Kronach
Schwarzenbach
a.d. Saale
3
Münchberg
A9
Lichtenfels
Kulmbach
Main
A70
Trostau
Steigerwald
Bayreuth
Bamberg
Fränkische Alb
Pegnitz
A3
Forchheim
Höchstadt
a.d. Aisch
Aisch
Main-Donau-Kanal
Erlangen
Sulzbach-
Rosenberg
Neustadt
a.d. Aisch
Fürth
Nürnberg
A6
Amberg
Altdorf
Schwabach
Ansbach
Neumarkt
Roth
Wassermungenau
Hilpoltstein
Gr. Brombachsee
Gunzenhausen
Weißenburg
Treuchtlingen
Altmühl
N
0
10 km
59
71
70
39
20
38
68
30
35
6
7
73
37
100
104
94
111

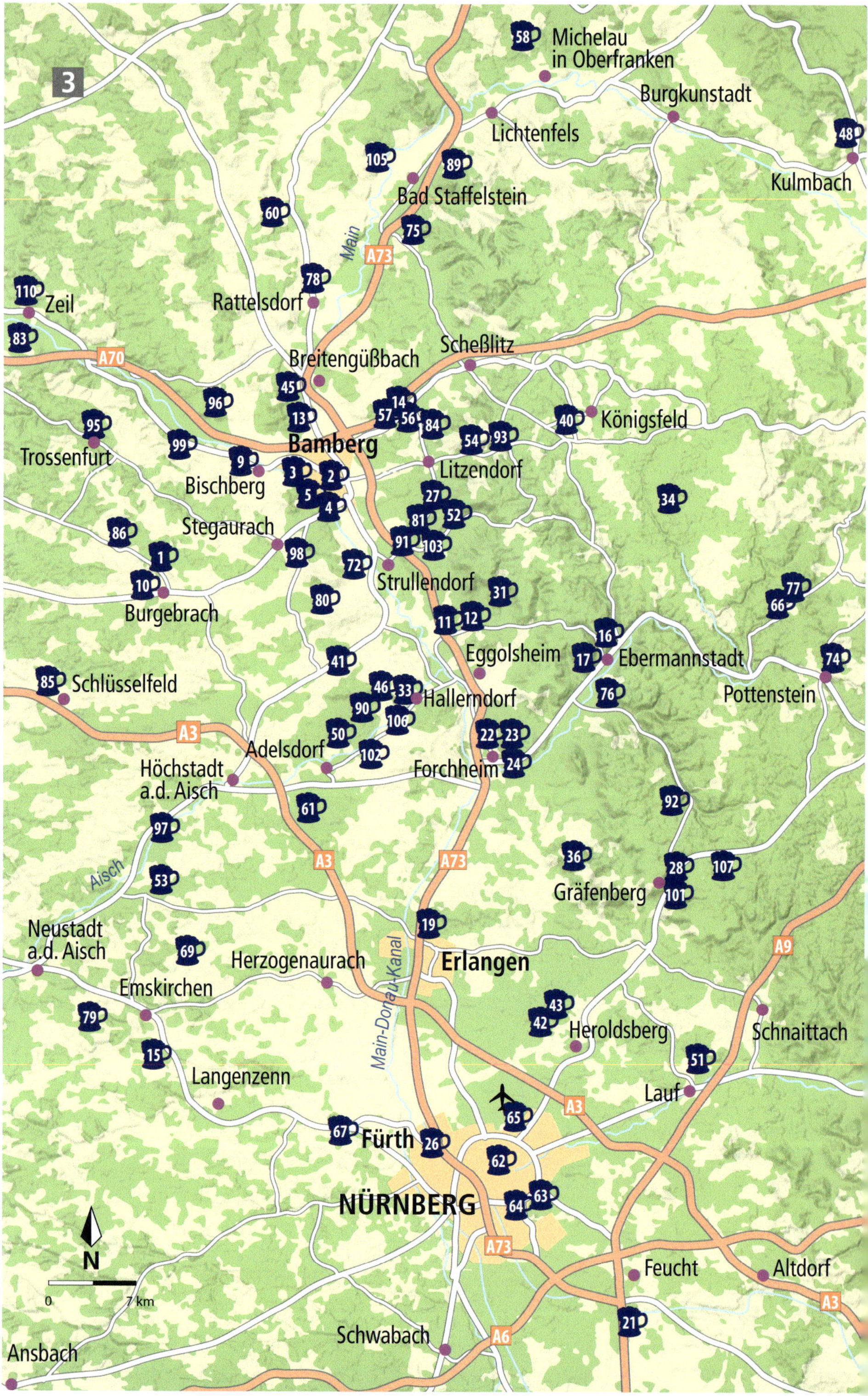
3
Michelau in Oberfranken
Burgkunstadt
Lichtenfels
Kulmbach
Bad Staffelstein
Main
A73
Zeil
Rattelsdorf
A70
Breitengüßbach
Scheßlitz
Königsfeld
Trossenfurt
Bamberg
Bischberg
Litzendorf
Stegaurach
Strullendorf
Burgebrach
Eggolsheim
Ebermannstadt
Schlüsselfeld
Hallerndorf
Pottenstein
A3
Adelsdorf
Forchheim
Höchstadt a.d. Aisch
Aisch
Gräfenberg
Neustadt a.d. Aisch
Herzogenaurach
Erlangen
A9
Main-Donau-Kanal
Emskirchen
Heroldsberg
Schnaittach
Langenzenn
Lauf
Fürth
NÜRNBERG
Feucht
Altdorf
Schwabach
A6
Ansbach
N
0
7 km

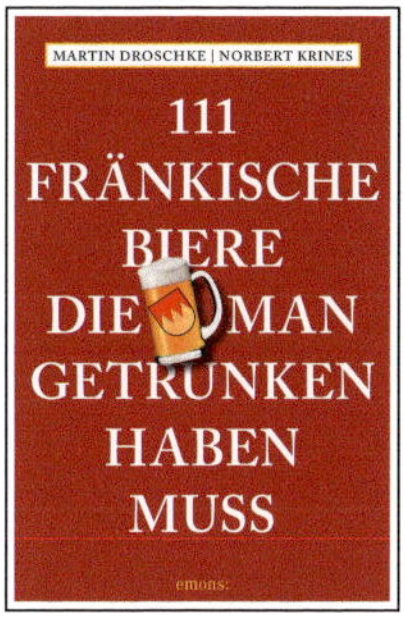

Martin Droschke, Norbert Krines
111 fränkische Biere, die man getrunken haben muss
ISBN 978-3-95451-922-4

Martin Droschke, Norbert Krines
111 deutsche Craft Biere, die man getrunken haben muss
ISBN 978-3-7408-0338-4

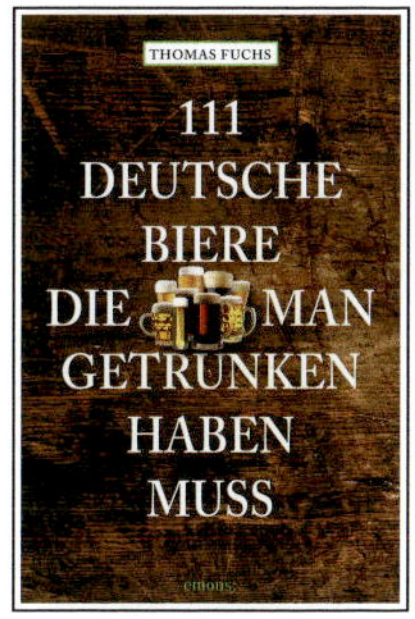

Thomas Fuchs
111 deutsche Biere, die man getrunken haben muss
ISBN 978-3-95451-414-4

Jens Dreisbach,
Tobias Fassbinder
111 Gins, die man getrunken haben muss
ISBN 978-3-7408-0571-5

Bernd Imgrund,
Tobias Fassbinder
111 Whiskys, die man getrunken haben muss
ISBN 978-3-7408-0242-4

Carsten Sebastian Henn,
Tobias Fassbinder
111 deutsche Weine, die man getrunken haben muss
ISBN 978-3-95451-465-6

HP Mayer
111 Orte in Deutschland für echte Weingenießer
ISBN 978-3-7408-0371-1

Fede & Tinto
111 Weine aus Italien, die man getrunken haben muss
ISBN 978-3-95451-861-6

Daniela Dejnega, Luzia Schrampf,
Tobias Fassbinder
111 Weine aus Österreich, die man getrunken haben muss
ISBN 978-3-7408-0618-7

Astrid Süßmuth
111 Almen und Hütten in Oberbayern, die man gesehen haben muss
ISBN 978-3-7408-0823-5

Sonja Silberhorn
111 Lost Places in der Oberpfalz, die man gesehen haben muss
ISBN 978-3-7408-0838-9

Christine Hochreiter, Frank Klein
111 Orte in und um Passau, die man gesehen haben muss
ISBN 978-3-7408-0733-7

Cornelia Ziegler
111 Orte rund um München, die man gesehen haben muss
ISBN 978-3-7408-0437-4

Bernd Schinner, René Rabenbauer
111 Orte im Fichtelgebirge, die man gesehen haben muss
ISBN 978-3-7408-0741-2

Eva Krötz
111 Orte im Oberpfälzer Wald, die man gesehen haben muss
ISBN 978-3-7408-0331-5

Astrid Süßmuth
111 Spukorte in und um München, die man gesehen haben muss
ISBN 978-3-7408-0336-0

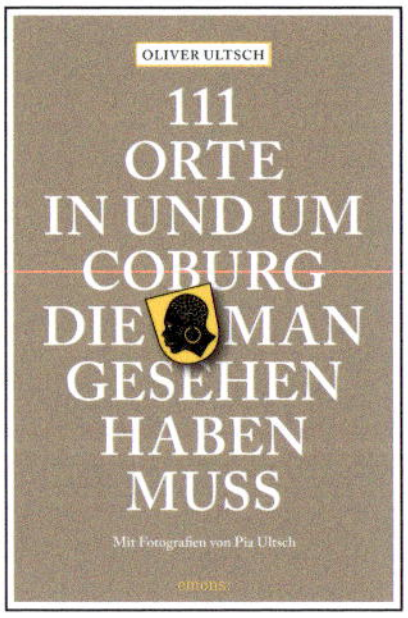

Oliver Ultsch, Pia Ultsch
111 Orte in und um Coburg, die man gesehen haben muss
ISBN 978-3-95451-923-1

Jochen Reiss
111 Orte im Fünfseenland, die man gesehen haben muss
ISBN 978-3-7408-0743-6

Sabine Becht, Sven Talaron
111 in und um Bamberg, die man gesehen haben muss
ISBN 978-3-95451-706-0

Julia Lorenzer, Fabian Marcher
111 Orte in Rosenheim und im Inntal, die man gesehen haben muss
ISBN 978-3-95451-735-0

Gregor Nagler
111 Orte in Augsburg, die man gesehen haben muss
ISBN 978-3-95451-598-1

Marion Rapp
111 Schätze der Natur rund um den Bodensee, die man gesehen haben muss
ISBN 978-3-95451-619-3

Richard Auer, Gerhard von Kapff
111 Orte im Altmühltal und in Ingolstadt, die man gesehen haben muss
ISBN 978-3-7408-0723-8

Reiner Vogel, Maximilian Raab
111 Orte in Niederbayern, die man gesehen haben muss
ISBN 978-3-95451-539-4

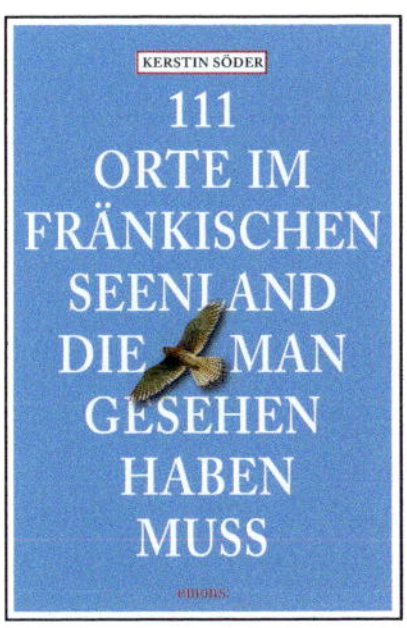

Kerstin Söder
111 Orte im Fränkischen Seenland, die man gesehen haben muss
ISBN 978-3-95451-492-2

Jo Seuß
111 Orte in Fürth und Erlangen, die man gesehen haben muss
ISBN 978-3-7408-0724-5

Bernd Flessner
111 Orte in der Oberpfalz, die man gesehen haben muss
ISBN 978-3-7408-0873-0

Marko Roeske
111 Orte im Bayerischen Wald, die man gesehen haben muss
ISBN 978-3-7408-0731-3

Cornelia Ziegler
111 Orte im Allgäu, die man gesehen haben muss
ISBN 978-3-95451-343-7

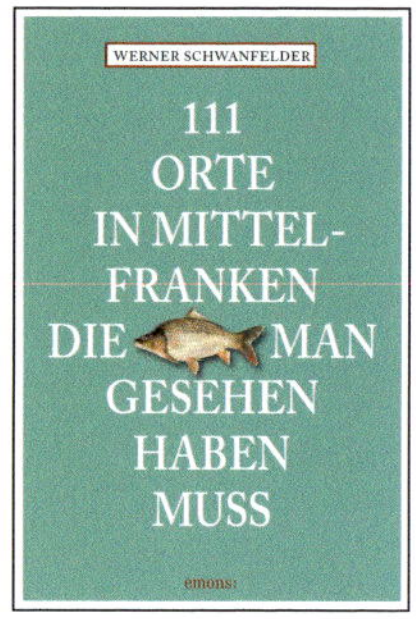

Werner Schwanfelder
111 Orte in Mittelfranken, die man gesehen haben muss
ISBN 978-3-95451-336-9

Rüdiger Liedtke
111 Orte in München, die Geschichte erzählen
ISBN 978-3-7408-0876-1

Renate Bugyi-Ollert (Recherche), Bernhard Horsinka, Angelika Baumgartner
111 Orte in und um Würzburg, die man gesehen haben muss
ISBN 978-3-95451-216-4

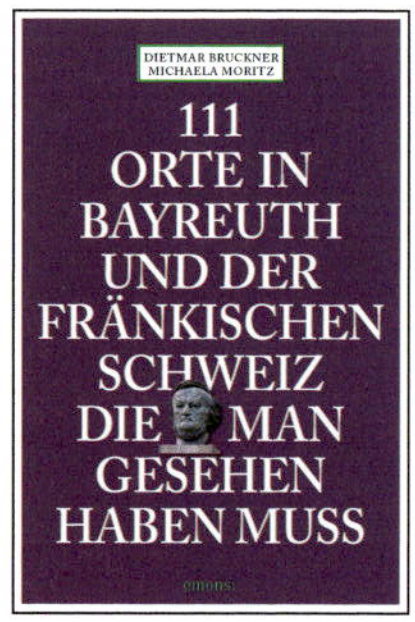

Dietmar Bruckner, Michaela Moritz
111 Orte in Bayreuth und der Fränkischen Schweiz, die man gesehen haben muss
ISBN 978-3-95451-130-3

Reiner Vogel, Maximilian Raab
111 Orte in Regensburg, die man gesehen haben muss
ISBN 978-3-95451-054-2

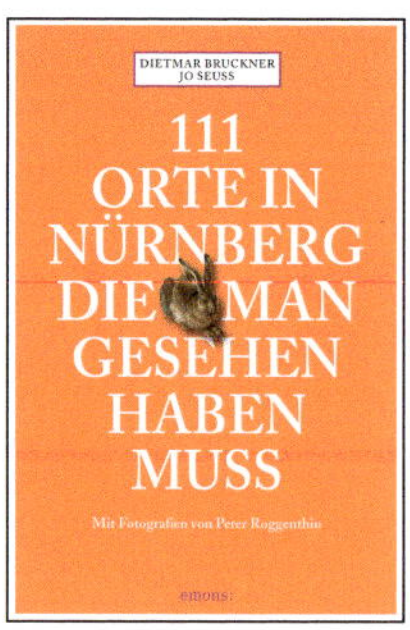

Dietmar Bruckner, Jo Seuß
111 Orte in Nürnberg, die man gesehen haben muss
ISBN 978-3-95451-042-9

Gertrud Steiger, Joachim Steiger
111 Orte im Odenwald, Spessart und an der Bergstraße, die man gesehen haben muss
ISBN 978-3-7408-0878-5

Ottmar Neuburger,
Lisa Graf-Riemann
111 Orte im Berchtesgadener Land, die man gesehen haben muss
ISBN 978-3-89705-961-0

Rüdiger Liedtke
111 Orte in München, die man gesehen haben muss
ISBN 978-3-89705-892-7

Rüdiger Liedtke
111 Orte in München, die man gesehen haben muss, Band 2
ISBN 978-3-7408-0722-1

Erwin Ulmer
111 Orte in Oberschwaben, die man gesehen haben muss
ISBN 978-3-7408-0860-0

Barbara Goerlich
111 Orte auf der Schwäbischen Alb, die man gesehen haben muss
ISBN 978-3-7408-0880-8

Barbara Riess
111 Schätze der Kultur im Schwarzwald, die man gesehen haben muss
ISBN 978-3-7408-0555-5

Lust auf mehr? Laden Sie sich die »LChoice«-App runter, scannen Sie den QR-Code und bestellen Sie weitere Bücher direkt in Ihrer Buchhandlung.

LChoice

Hier bestellen

Martin Droschke, geboren 1972 in Augsburg, zog 1992 zum Studium der Philosophie, Pädagogik und Geschichte nach Nürnberg. Er arbeitete als freier Journalist und Literaturkritiker unter anderem für den »Tagesspiegel«, die »taz« und die »Süddeutsche Zeitung« und lebt heute als freier Werbetexter und Autor in Coburg. Er betreibt dort nebenbei mit Oliver Heß das brotlose Kunstlabel »Verwertungsgesellschaft« (www.verwertungs-gesellschaft.de). Martin Droschke durchstreift bevorzugt Regionen, die zu Unrecht ins Abseits geraten sind, immer auf der Suche nach unscheinbaren Kuriositäten und Zeugnissen ihrer Alltagsgeschichte.